JN410052

여자 목욕탕

여자 목욕탕

강미애
—
산문집

교음사

차례

목욕탕 가는 날

모든 사람은 토요일 밤에 목욕할 권리가 있습니다.

Every man has a right to a Saturday night bath.

-Lyndon B. Johnson

4시다.

나는 특별한 약속이 없으면 일요일 오후 4시에서 5시 사이에 목욕탕에 간다. 이른 아침의 여자 목욕탕은 사람도 없고 조용할 것 같지만 전혀 그렇지 않다. 오전에 골프나 에어로빅, 수영을 마친 사람들이 운동 후 단체로 목욕탕에 들어온다. 사우나에 앉을 자리가 없을 정도다. 2시 전후의 목욕탕은 거의 전쟁터다. 늦은 아침을 먹고 오는 사람들이 많기 때문이다. 아이들의 울음소리, 저마다 이야기를 나누는 사람들의 목소리 그리고 물소리가 한데 섞여 소음 데시벨이 최고조에 이른다.

목욕탕에 가는 시간을 5시 전후로 정한 것은 나름대로 축적한 데이터를 바탕으로 한다. 여자들의 목욕시간을 감안했을 때 2

시 전후에 목욕을 시작한 사람들은 마무리하는 시간이고, 저녁 식사 준비를 위해 주부들이 집으로 돌아가는 시간이기도 하다. 물론 예측이 빗나갈 때도 있다. 비가 내리는 날이나 날씨가 추운 날에는 시간 관계없이 만원이다. 그러고 보면 여자들은 목욕을 좋아하는 것이 분명하다. 물론 대부분…….

여자들은 목욕을 가려면 준비물이 많다. 우선 때밀이 타월은 필수다. 나는 비닐팩에 샤워 타월과 때밀이 타월을 넣어 가져가는데, 사용 후 물에 젖은 것을 담아 와야 하기 때문이다. 때밀이 타월은 2개를 가져간다. 양손에 하나씩 장착하고 동시에 다리를 공략하거나 겨드랑이부터 엉덩이, 허리까지 양쪽으로 동시에 때를 밀 수 있어 시간도 절약되고 효과적이다.

때밀이 타월은 색깔마다 재질이 다른데 파란색이 가장 마음에 든다. 가격도 다른 것에 비해 천 원 더 비싸다. 노란색과 연두색 타월은 파란색보다 표면이 부드러워 때를 밀었을 때 시원함이 덜하다. 벙어리장갑형이나 손가락장갑형은 생각보다 쉽게 닳고 사용하기 불편하다. 아무튼 이 손바닥만 한, 작은 천 조각 덕분에 적어도 일주일에 한 번 이상은 피부 표면에 붙어 있는 때를 벗기고 몸 전체가 상쾌해지는 즐거움을 만끽할 수 있다.

발의 각질을 제거하는 현무암 돌이나 브러쉬도 필수품이다. 특히 겨울철에 심해지는 뒤꿈치 각질은 목욕탕에서만 완벽하게 제거할 수 있기 때문에 반드시 챙겨야 하는 용품이다. 다음으로 손잡이가 있는 등밀이, 이것은 혼자 목욕탕에 가는 사람에게 꼭 필요하다. 플라스틱 재질로 된 효자손 모양으로 끝에 타원형의 때밀이가 달려 있다. 긴 자루로 되어 있어 손이 닿지 않는 등을 밀 때 요긴하다.

알몸으로 이동해야 하는 목욕탕에서 민망함을 해결해 주는 방수 스커트도 챙겨야 한다. 꽃무늬나 기하학적인 무늬가 그려져 있는 직사각형 머플러 형태인데 끝부분에 붙였다 떼였다 할 수 있는 벨크로가 있어 착용하기 편하다. 허리에 두르면 스커트 형태로, 가슴께로 올려 입으면 엉덩이까지 가릴 수 있다. 사우나에 들어가 있을 때나 열탕 언저리에 앉아 족욕할 때 두툼한 복부와 민망한 부위를 가릴 수 있어 좋다.

방수 방석은 특히 사우나에 들어갈 때 반드시 필요하다. 90℃를 넘나드는 사우나에서 여자들은 정말 독하게 오래 견딘다. 그러니 건식 사우나인데도 나무 바닥은 온통 땀과 물이 섞여 마를 사이가 없다. 그곳에 어떻게 맨 엉덩이를 들이밀고 앉겠는가. 물론 수건을 바닥에 깔기도 하지만 대부분 방수 방석을 갖고 다닌다. 더군다나 오래 앉아 있으려면 엉덩이가 닿는 부분이 폭신해야 하니 수건으로는 어림없다. 사우나 방석은 선택의 여지가 없이 모두 알록달록한 꽃무늬라 내 취향은 절대 아니지만 어쩔 수 없이 나도 하나 구입했다.

헤어샴푸와 린스, 바디샤워도 가져가야 한다. 혹시 화장을 한 상태라면 화장을 지울 때 사용하는 폼클렌징도 필요하다. 물론 매점에서 일회용품을 구입할 수 있다. 마른 수건은 입장할 때 두 장 준다. 여분의 타월을 가져갈 필요는 없지만, 여자들에게 수건 두 장은 조금 아쉽다. 하나는 욕탕에 갖고 들어가 머리를 감싸거나 바닥에 앉을 때 사용한다. 다른 하나는 목욕을 마치고 몸의 물기를 닦거나 머리를 말리는 데, 아무래도 여자들은 머리가 길다 보니 수건 한 장이 금방 젖는다. 내 경우 최소 3장은 필요하다. 그래서 간혹 수건 한 장 더 달라고 실랑이를 벌이는 경우를 종종 볼 수 있다. 남탕에서는 무한정 제공하는 수건을 왜 여자들은 두 장만 주는 건지……. 수건은 여자들이 더 많이 필요한데 말이다.

소형 보온병을 가져오는 여인도 많다. 목욕하는 도중에 물을 마시거나 얼음을 넣은 아이스커피 혹은 각종 건강음료를 담아 온다. 어떤 이는 캠핑용 보냉 물통을 가져와 더위와 사투를 벌이는 사우나 안의 여인들에게 오아시스의 생명수처럼 은혜를 베풀기도 한다. 그 외에도 전신의 각질을 제거하는 바디스크럽, 얼굴에 바르는 각종 마사지 제품 등 목욕탕에 들어서는 여인들의 가방은 그야말로 미스터리 박스다.

목욕을 마친 후 사용할 기초화장품도 챙겨야 한다. 탈의실에 스킨과 로션이 있지만 향이 강해서 여자들은 잘 사용하지 않는다. 대부분 화장품을 구입할 때 서비스로 받은 샘플을 모아 작은 파우치에 넣어 갖고 다니는 경우가 많다. 어떤 사람은 집에서 사용하던 화장품을 그대로 가져오기도 하는데 가방에서 꺼내놓으면 화장대 전체를 옮겨 놓은 것 같다. 완벽한 메이크업을 마치고, 목욕탕에 들어설 때의 모습으로 나가는 사람도 있다. 어쨌든 얼굴 관리가 끝나면 전신 보습을 위한 바디로션이나 오일까지 몸에 발라야 마무리된다.

요즘에는 소형 드라이어나 휴대용 고데기를 갖고 다니는 사람도 많다. 탈의실에서 머리를 말려야 하는데 헤어드라이어를 사용하려면 어느 자리가 비었는지 눈치를 봐야 하기 때문이다. 내가 다니는 목욕탕은 규모가 제법 크다. 탈의실에 헤어드라이어가 10대다. 그런데도 사용하려면 이곳저곳 기웃거리며 빈자리를 탐색해야 한다. 여자들은 머리를 말리고 손질하는데 꽤 오랜 시간이 걸린다. 아이들을 데리고 온 경우에는 시간이 더 길어진다. 그 시간이, 기다리는 사람에게는 길어도 너무 길다. 특히 선풍기가 있는 곳을 선호하는데, 시원한 바람과 드라이어의 뜨거운 바람이 교차하며 머리를 말리기에 좋아서다. 혹시 자리가 날까, 눈치 싸움이 치열하다. 그래서 나도 휴대용 드라이어를 장만할까 생각 중이다. 벌거벗은 채, 내 차례가 올 때까지 여기저기 기웃대기 싫어서다.

목욕(沐浴), 머리를 감으며 몸을 씻는 일.

여자들은 목욕을 위해 준비해야 할 것이 많아도 너무 많다.

한 가지 더, 칫솔도 잊으면 안 된다.

내 신발 내놔

고장이 났나…….

키를 아무리 돌려도 소용이 없다. 몇 번을 돌리고 잡아당겨도 신발이 들어 있는 작은 문은 좀처럼 열리지 않는다. 열쇠는 옷장과 신발장을 공용으로 사용한다. 옷장에 사용할 때는 이상 없이 잘 열리고 잘 잠겼다. 당황스러움과 탈의실의 열기가 더해 다시 목욕을 해야 할 판이다.

신발장이 있는 공간은 두 사람이 겨우 비켜갈 수 있을 정도로 좁다. 누군가 신발장에서 신발을 꺼내고 있으면 잠시 기다려야 한다. 아니면 지나가겠다고 양해를 구한 뒤 신발장 좌우로 몸을 밀착시켜야 겨우 오갈 수 있다. 당연히 그 좁은 공간에 오래 지체할 수 없다. 뒤에 밀려 있는 사람들의 눈초리가 따갑기 때문이다. 몇 사람을 신발장 골목 안으로 양보하고도 신발장 문은 열리지 않았다.

신발장이 놓여 있는 공간은 ㅌ자 형태다. 중간에 연결되는 통로가 있지만 역시 좁다. 그런데 그 좁은 통로마다 사각 형태의 플라스틱 의자가 서너 개씩 놓여 있다.

사람도 엇갈려 지나가기 불편한 곳에 웬 의자일까. 궁금증은 금세 풀렸다. 아주머니 한 분이 플라스틱 의자에 올라서더니 맨 위 신발장에서 신발을 꺼낸다. 아하, 의자는 키가 작은 손님들을 위한 받침대였다. 그제야 신발장을 올려다보니 꽤 높다. 세어 보니 세로로 10칸이다. 평소에는 그리 관심을 두지 않았는데 맨 위쪽 칸은 손을 뻗어야 겨우 닿는 높이다. 164cm 정도인 내 키를 훌쩍 넘는다.

예전에는 이렇게 높지 않았던 것 같은데…….

다행스럽게 신발장이 있는 공간으로 더 이상 사람들이 들어오지 않았다. 어깨에 걸쳤던 목욕 가방을 내려놓고 쪼그려 앉았다. 성급하게 열쇠를 밀어넣었나 싶어 천천히 구멍을 맞추고 오른쪽으로 돌렸다. 헛돌았다. 몇 번을 돌려도 마찬가지다. 훅, 하고 다시 열기가 치밀어 올랐다. 내려놓은 목욕 가방을 챙겨 들고 매점 카운터로 갔다.

－저기요, 신발장 문이 안 열리는데요.

아주머니가 나를 빤히 쳐다본다.

－계산하셨어요?

－네?

－계산하셨냐구요.

—밖에 있는 로비 카운터에서 하는 거 아니에요?

—여기서 계산해야 되는데요. 구입한 것 정산하지 않으면 신발장 문 안 열려요.

—그래요? 알았어요. 여기요.

지갑에서 카드를 꺼내 내밀었다.

—손님, 옆에 있는 기계에서 셀프 결제하셔야 돼요.

때밀이 타월이 문제였다. 목욕 가방을 챙기면서 때밀이 타월을 깜박 잊었다. 집에 몇 개나 있는데도 할 수 없이 탕으로 들어가기 전에 키를 건네주고 때밀이 타월을 구입했다. 예전처럼 로비에 있는 카운터에서 정산하면 되는 줄 알고 옷을 입은 후 신발부터 챙기려 한 것이다. 졸지에 나는 3,000원짜리 때밀이 타월을 구입하고 몰래 도망가려는 치졸한 인간이 되어 버렸다.

—결제 방식이 바뀌었다는 안내문 정도는 붙여야 하는 것 아니에요?

—여기 옆에 결제하는 기계 있잖아요. 못 보셨어요?

—못 봤어요. 말을 해줘야 알죠!

괜히 민망해서 볼멘소리를 했다. 아주머니는 눈도 마주치지 않은 채 무표정이다. 아마도 나뿐만이 아니었을 것이다.

얼마 전에 목욕탕이 리모델링 공사를 했다. 주변 신도시에 최신 목욕탕이 들어선다고 하니 아마도 업그레이드 차원에서 공사를 한 것 같다고 사우나 터줏대감들은 나름대로 추측했다. 목욕탕 안의 불빛이 전체적으로 밝아졌고, 탈의실과 욕탕을 오가는 문은 자동문이 되었으며 신발장은 더 높게 더 많이 만들어 놓았다. 아마도 새롭게 결제하는 기계도 그때 들여온 모양이다.

매점 옆에 있는 키오스크 앞에 줄을 섰다.

－왜 안 되는 거지. 이상하다.

아주머니 한 분이 신용카드와 옷장키를 양손에 들고 어쩔 줄 몰라 한다.

－먼저 하실래요?

잘되지 않는지 나를 돌아보며 내게 먼저 해보라고 한다.

－아, 네.

아주머니가 결제하는 걸 탐색하려던 나는 조금 당황스러웠지만 이내 침착하게 마음을 가다듬고 키오스크 앞에 섰다.

내역을 확인해 주세요

그리고 그 아래 네모난 박스에 '결제'라는 단어가 보였다.

결제

단어를 터치하고 힘껏 카드를 밀어넣었다.

결제 내역을 확인해 주세요

다시 한번 '결제'라는 단어를 터치하고 카드를 밀어넣었다.

결제 내역을 확인해 주세요

뭐야, 왜 안 되는 거지.

목욕탕을 탈출하는 일에 또 제동이 걸렸다. 뒤에 서 있던 아주머니가 기웃이 쳐다본다. 결제 기계 앞에서 쩔쩔매고 있는 내 모습이 민망하다. 또다시 더운 열기가 올라온다.

아, 진짜 오늘 왜 이러는 거지.

짜증이 밀려왔다. 한 번 더 시도해 볼까 하다가 그만두었다.

—이거, 어떻게 결제해야 되죠?

매점 아주머니는 힐끗 나를 쳐다보더니 귀찮다는 듯 안쪽에서 나와 내 왼손에 들려진 옷장키를 잡아챘다.

—여기 맨 아래에 둥근 키 모양과 비슷한 곳이 있죠. 먼저 여기에 키를 꽂아야 돼요.

키를 꽂으니 화면에 결제 내역이 뜬다.

때밀이 타월 3,000원

—봐요. 여기 화면에 손님이 구입한 내용 보이죠. 그러면 금액 확인하고, 맞으면 결제 누르면 돼요.

—아니, 무슨 열쇠 구멍이 그렇게 작아요. 보이지도 않네.

—그리고 카드는 여기 이쪽에 넣고.

—네.

—영수증 필요하세요?

—아니요.

－이제 키 갖고 신발 꺼내 가시면 돼요.

－네…… 감사합니다.

결제 키오스크에 열쇠 넣는 구멍이 있는 줄 정말 몰랐다. 요즘 웬만한 식당에는 결제 키오스크가 많이 설치되어 있다. 몇 번 해 보기는 했지만, 열쇠를 꽂아야 한다는 생각은 전혀 하지 못했다. 창피한 마음에 빠른 걸음으로 신발장이 있는 곳으로 갔다. 번호를 찾아 열쇠를 넣으니 스르르 작은 문이 열렸다. 낡은 운동화가 이렇게 반가울 줄이야.

목욕탕을 나서는데 불쑥 억울함이 밀려온다.

처음 해보는 건데, 내가 알았냐고…….

여기, 내 자리에요

여유 있게 때를 밀려면 자리에 앉아야 하는데…….

눈으로 좌식 샤워기 쪽의 빈자리를 찾았다. 멀리서 봤을 때는 분명 빈자리였는데 막상 가까이 가보면 모두 주인이 있다. 자리마다 물을 가득 채운 플라스틱 대야에 때밀이 타월이나 샤워타월을 담가 놓았다. 다른 사람이 사용하지 못하도록 자리를 맡아 놓은 것이다. 아마도 자리의 주인은 사우나 아니면 찜질방에가 있을 것이다. 목욕비 10,000원이 자릿값은 아닐 텐데…….

다음 칸으로 이동해 또 다른 자리를 탐색한다. 곳곳의 빈자리에는 타월을 접어 의자를 덮어 놓거나 아예 목욕용품을 올려놓아 자리의 주인이 있음을 표시한 사람도 있다.

대단하다. 집념의 자리 지키기…….

그때 목욕을 마치고 일어나는 사람이 보인다. 사람들 사이를 헤치고 빠른 걸음으로 다가갔다. 순간 바닥이 미끄러워 휘청거렸다. 그러는 사이 아뿔싸, 한발 늦었다. 젊은 여인이 먼저 자리를 차지했다.

좌식 샤워기가 있는 곳은 하얀색 타일을 붙인 콘크리트 벽으로 구역을 구분해 놓았다. 벽을 사이에 두고 양쪽에서 사용할 수 있으며 5개 구역으로 나누어져 있다. 구역을 구분하는 벽은 높이가 대략 120센티미터이고 폭이 15센티미터쯤 되어 이쪽과 저쪽 모두 자신들의 목욕 가방이나 보온병 같은 것을 올려놓을 수 있다. 일단 사람들 물건을 조금 밀어놓고 내 목욕 가방을 올려놓았다.

자리 잡기 어렵네. 그나저나 이렇게 빈자리가 많은데, 모두 주인이 있다는 말이지. 에라, 안 되겠다. 대충 샤워하고 사우나 먼저 해야겠다. 사우나 몇 번 하고 나오면 자리 나겠지 뭐.

목욕 가방에서 샤워 타월을 꺼내 재빠르게 비누 칠을 하고 샤워기를 잡으려는 순간이었다. 뒤쪽에서 날카로운 목소리가 날아온다.

–이봐요!

–네?

–여기 내 자리에요!

–아, 그러세요. 비었길래 잠깐 샤워 좀 하려고…… 얼른 샤워만 할게요.

–지금 자리에 앉을 건데요.

–금방 할게요.

—다른 데 가서 하세요…….

—아, 알겠습니다. 미안합니다.

—남의 자리에서 뭐하는거야…….

—…….

비누 거품이 몸에 남은 상태로 주위를 둘러봤다. 건너편에 아직 주인이 돌아오지 않은 자리가 보였다. 엉거주춤 그 자리에서 샤워를 했다. 그런데 나도 모르게 계속 주위를 살핀다. 누군가 또 자기 자리라며 비켜달라고 할 것 같아서다. 이래저래 기분이 상했다.

내 자리에요? 자기 자리가 어딨어. 내내 아무도 앉지 못하게 해놓고 이제 나타나서는…… 잠깐 샤워 정도는 할 수도 있는 거지. 정말 너무하네.

할 수 없이 서서 씻을 수 있는 샤워기 쪽으로 갔다. 스무 개가 넘는 샤워기에도 빈자리는 없다. 마냥 서 있을 수 없어 샤워기가 보이는 욕탕 계단에 앉았다. 누구라도 먼저 마치는 사람이 있으면 달려가야 한다. 바로 앞에 보이는 샤워기에서 아주머니 한 분이 거의 마무리하는 모양새다. 이것저것 사용한 목욕용품을 씻어 목욕 가방에 정리 중이다. 조금만 기다리면 될 듯싶었다.

아주머니가 곧 끝날 것 같은데…….

하지만 잠깐 다른 곳을 보는 사이 나이 어린 여학생이 샤워기를 차지했다. 이젠 이곳도 포기다. 가까스로 온탕 주변에 자리가 나서 앉았다. 물을 사용해야 하는데 작은 바가지를 찾기도 어렵다. 탕 주변을 몇 바퀴 돌아서야 겨우 하나 찾았다.

언젠가 가까운 이웃나라를 여행 중에 대중목욕탕에 가게 되었다. 전통 료칸은 몇 번 방문한 적이 있지만 대중목욕탕은 처음이었다. 신발을 벗고 너른 마루에 오르니 바로 신발장이 보였다. 우리나라 것과 비슷했지만 조금 더 크고 넓었다. 매점을 겸한 카운터에서 계산을 하고 탈의실로 들어갔다. 탈의실은 생각보다 작았다. 오래된 동네 목욕탕 느낌이었다. 옷장의 높이가 많이 낮다. 우리나라는 옷장이 아래위 두 칸인데 1인 1칸이다. 옷장이 낮은 덕분에 물건을 올려놓을 수 있어 좋았다.

어색함에 얼른 탈의를 하고 탕에 들어섰다. 그런데 앞선 친구가 갑자기 엉거주춤 멈춰 선다.

–옹달샘이 있어.

–옹달샘?

–마시는 온천수인가?

문 앞에 정말 옹달샘이 있었다. 작은 바가지도 우리나라 약수터에 있는 것과 똑같다. 빨간색의 긴 손잡이로 된 플라스틱 바가지다. 목욕하기 전에 물을 마시면 혈액순환에 좋다고 하는데 마시는 물인가 싶었다.

–마시는 건가 봐.

–그런가…….

–목욕 전에 혈액순환에 도움되라고 온천수를 마시는 것일 수도 있어.

바가지로 물을 조금 떴다. 물이 뜨겁다. 마시는 옹달샘 물이 뜨겁다니. 흠칫 놀라는 사이, 한 여인이 얌전히 걸어 들어온다. 그녀는 물 한 바가지를 뜨더니 조심스럽게 몸에 붓는다. 응? 뭐지? 그러니까 옹달샘의 물은 목욕하기 전에 몸을 씻는 물이었다. 여인은 한두 번 더 물을 몸에 끼얹더니 좌식 샤워기가 있는 곳에 자리를 잡는다. 나는 마시려던 옹달샘의 물을 슬그머니 몸에 부었다. 미지근하다. 한참을 들고 서 있었으니 바가지 물이 식은 것이다. 한 번 더 물을 몸에 부었다. 이번엔 뜨겁다.

우리도 좌식 샤워기가 있는 곳에 자리를 잡았다. 가져간 목욕용품을 정리하고 샤워를 한 후 플라스틱 대야에 물을 가득 받아 한국에서 가져간 파란색 때밀이 타월을 담가 놓았다. 우리나라에서 하던 습관대로 자리에 주인이 있으니 앉지 말라는 표시다. 탕의 온도는 적당히 좋았다. 도착하자마자 일정이 바빠 살짝 피곤했었는데 물속에 몸을 담그니 온몸이 나른하게 풀어졌다. 금발의 외국 여인과 눈이 마주쳤다. 서로 말없이 웃었다. 낯선 외국의 목욕탕에서 벌거벗고 만난 인연에게 무슨 말을 해야 할까. 작은 미소 말고는.

바깥 풍경을 바라보다 시선을 안으로 옮겼다. 대야에 담긴 파란색 때밀이 타월이 보인다. 내 자리다. 그때 옆자리에 한 중년 여인이 들어와 앉는다. 그녀는 간단하게 샤워를 하더니 이내 자신의 목욕용품을 챙겨 들고 다시 출입구 쪽으로 간다. 다른 사람의 알몸을 쳐다보는 것이 민망하기는 했지만 마땅히 시선을 둘 곳도 없었고 사실 그녀의 행동이 조금 의아했다. 벌써 가는 건가……. 그런데 출입구로 가던 그녀가 돌아선다. 목욕을 마친 것이 아니었다. 출입구 옆에 있는 철제 선반에 자신의 목욕용품을 올려놓으러 간 것이다. 그녀는 다시 돌아와 조심스럽게 탕으로 들어왔다.

그 모습을 보던 친구가 슬쩍 묻는다.

–우리 것도 갖다 놓을까?

–지금?

어떻게 해야 하나 잠시 망설이는데 잠시 후 그녀가 앉았던 자리에 다른 여인이 들어와 앉는다. 그녀도 샴푸와 간단한 비누칠, 샤워를 마친 후 목욕용품을 출입구 옆 철제 선반에 올려놓는다. 하지만 내가 앉았던 자리는 아무도 앉지 않았다. 파란색 때밀이 타월이 담긴 대야가 단단히 지키고 있으니 말이다.

잠시 사용하고, 자리를 비워 두면 그 사이 다른 사람이 사용할 수 있다. 때를 밀거나 마무리할 때는 자신의 목욕용품을 가져와 빈자리에 앉으면 된다. 함께 이용하는 다른 사람들을 위한 배려다. 왜 그런 생각을 하지 못했을까. 목욕하는 내내 부끄러웠다.

오늘따라 힘들게 목욕을 마치고 나오는데 탕 입구에 안내문이 붙어 있다.

목욕탕은 공공의 장소입니다. 자리를 주장할 수 없습니다.

먹어야 산다

–이거 사과즙인데 하나 먹어 봐요.

–감사합니다.

사우나에서 가끔 마주치는 아주머니 한 분이 사과즙을 건넨다. 꽤 여러 개를 갖고 왔는지 사우나에 들어오는 사람마다 하나씩 나누어 준다.

–이것도 하나 먹어 봐. 양파즙이야. 친정 동네에 양파 농사를 짓는 분이 있는데, 한 박스 택배 받았잖아. 식구도 없는데 버리게 생겼길래 즙으로 내렸지. 양파즙이 건강에 좋다잖아. 하나씩 들어 봐요. 먹을 만해요.

–다른 것 더 넣었나 봐, 달달하네.

–순수 백 프로 양파만으로 즙을 만든 거야.

–그런데도 단맛이 나네.

–건강즙 풍년일세.

–사과즙, 양파즙 공짜요! 공짜!

사우나에 오는 중년 여인들은 마실 거리를 직접 가져오는 경우가 많다. 그런데 건강즙은 물론이고 매실, 홍초, 감식초, 석류 등 대부분 식초 성분이 든 음료다. 식초를 꾸준히 먹으면 소화는 물론이고 동안(童顔) 외모를 갖는 데 도움이 된다는 인식이 있어 여자들이 특히 즐겨 마신다. 여자들만 아는 식초의 안티에이징 효과다. 사실 식초 성분의 음료들은 맛이 시기 때문에 보통 산성식품으로 생각하기 쉽지만, 완전한 알칼리성 식품이다. 피로회복에도 효과가 있다. 심한 근육 운동 후 목욕물에 식초를 적당량 첨가하여 목욕을 하면 근육이 잘 풀린다. 나의 경우는 운동 후 마시는 시원한 오미자차가 최고 건강음료다. 또한 이구동성으로 말하는 식초 성분은 다이어트에 도움이 된다는 것이다. 다이어트는 여자들에게 평생의 숙제라는 말처럼 끝없이 해야 하는 자기 고행의 연속이다. 조금이라도 힘이 덜 든 다이어트 방법이 있으면 좋을 텐데 말이다.

다른 아주머니 한 분이 얼음을 가득 채운 보냉통을 들고 사우나로 들어왔다. 자리에 앉자마자 이 사람 저 사람에게 아이스커피를 한 잔씩 따라 준다. 구석에 앉아 있던 내게도 잔을 내민다.

–커피 한 잔 마셔봐요. 시원해요.

–아, 저는 괜찮습니다.

–그러지 말고 자, 한 잔 마셔요. 갈증 날 때는 아이스커피가 최고잖아요.

사우나와 냉탕을 몇 번씩 오가면 슬슬 지치기 마련이다. 그래서 여인들은 수시로 뭔가를 먹고 마신다. 아이스커피는 기본이고, 갈증을 채워 줄 사과, 귤, 오렌지 같은 과일도 많이 가져온다. 간혹 삶은 고구마나 감자를 가져오는 사람도 있다. 사우나 하는 내내 다이어트해야 한다며 열변을 토하다가도 누군가 먹을 것을 나누어주면 거절하는 법이 없다. 먹고 땀 내고, 마시고 땀 내고…… 도대체 살이 빠지기는 하는 걸까.

–형님, 쌈밥 잘 하는 집 아는데. 끝나고 갈래요?

–쌈밥? 아니 살 뺀다고 하루 종일 사우나에서 이렇게 땀 빼고 있는데 먹으러 가자고?

–커피에, 과일에 얼마나 먹었는데.

–밥 배 따로, 과일 배 따로죠.

–물을 얼마나 마셨는지 배가 남산만 해. 그런데 여기다 밥까지 먹으라고?

–형님, 정말 맛있다니까요. 가십시다. 내가 쏠게. 아이고 먹고 죽읍시다.

3년 전에 갱년기와 폐경이 동시에 진행되면서 몸 상태가 많이 심각해졌다. 자주 붓고 소화가 되지 않으며 체중이 급격하게 늘었다. 평생 다이어트를 해 본 적이 없는데 더 이상 방치할 수가 없었다. 사실 중년의 다이어트는 힘들다. 나이도 있고 아무리 극단적으로 식단을 구성해서 먹어도 좀처럼 체중이 줄지 않는다. 그렇다고 무조건 굶을 수도 없다. 기력이 없으면 외부 활동을 할 수가 없으니 말이다. 젊을 때는 뭘 해도 살이 잘 빠지더니 중년에는 뭘 해도 안된다. 다이어트에 대한 스트레스가 이만저만이 아니다.

인간은 맛있는 음식을 먹으면 본능적으로 행복을 느낀다. 행복하기 위해서 맛있는 음식을 먹는 것이 아니라, 음식을 먹을 때 행복하다고 느끼는 것이다. 그런 본능을 가진 인류가 생존 확률이 높았으므로 우리의 조상은 식욕이 넘쳐흐르는 사람들이었음에 틀림없다. 먹는 것에 흥미가 없는 인간은 생존할 수 없기 때문이다. 어쩌면 그래서 TV에 그토록 많은 먹방 프로그램이 존재하고 인기가 높은 것인지도 모르겠다.

음식은 혼자 먹는 것보다 여럿이 같이 먹는 것이 맛있다. 추운 겨울이 다가오면 솔로들은 옆구리가 시린다는 표현을 자주 쓴다. 실제로 사람은 혼자 있을 때 체온이 더 내려간다고 한다. 그래서 본능적으로 외로운 사람일수록 뜨끈한 국밥을 찾게 되나보다. 인간은 많은 사람 속에 있을 때 안전하게 식사를 할 수 있고 안전한 네트워크 연결망 속에 있어야 생존에 유리했다. 즉, 다른 사람은 내가 생존하는데 있어서 필수품이었던 셈이다. 사람은 음식과 사람이 같이 있을 때 행복을 느낀다.

－oo동 거리 근방에도 유명한 쌈밥집 있어요. 된장 예술이에요.

－얼마나 맛있길래 된장이 예술이야.

－식당 이름이 '된장예술'이에요.

－정말 맛있나 보다.

－그러지 말고 오늘은 내가 아는 집 갑시다.

－알았어, 밥 사는 사람 말 들어야지.

우르르 사우나를 나가는 여인들의 얼굴에 행복한 웃음이 번진다.

내일은 명절

내일은 설날이다. 차례상에 올릴 백김치와 맑은 나박김치는 일주일 전에 미리 담가 놓았다. 어제는 생선, 육류 등 차례 음식에 필요한 재료를 손질해 놓고 오늘은 나물과 여러 가지 전을 부쳤다. 전 부침은 아직 미혼인 두 아들 담당이다. 아이들이 어릴 때는 남편 몫이었다. 큰아이가 고등학생이 되면서 물려받았고, 나중에는 작은아들이 합세했다.

거실에 자리를 펴고 앉아 작은아이가 밀가루와 계란물을 묻혀 프라이팬에 올려주면 큰아이가 전을 부치고 소쿠리에 담아낸다. 제법 공동작업을 잘한다. 그 사이 나는 부엌에서 나물을 데치고, 무치고, 볶는다. 탕국도 준비하고 육적, 포 등을 정리해 놓으면 드디어 제수 준비가 끝난다.

명절 전날의 여자 목욕탕은 조금 여유롭다. 이미 고향이나 시댁으로 출발한 사람도 있을 것이고 모처럼 모인 식구들 음식 준비하느라 목욕탕에 올 시간이 없어서인지도 모르겠다. 어쨌든 차례상에 올릴 음식 준비가 끝나면 이렇게 목욕탕에 와서 기름

냄새도 없애주고, 하루 종일 서서 일하느라 빼근해진 종아리도 풀어 줘야 내일 또 일할 수 있다. 온몸으로 쏟아지는 뜨거움이 정말 시원하다.

첫아이를 출산하고 한 달쯤 지났을까 친정어머니가 한증막에 데리고 갔다. 그곳의 뜨거움은 상상 이상이었다. 100℃를 훨씬 넘는 온도다. 그런데도 어머니는 낡은 가마니를 푹 뒤집어쓰고 한증막 토굴로 들어간다. 어설프게 나도 따라 들어갔다가 죽을 뻔했다. 한참 만에 땀으로 범벅이 되어 나온 어머니는 이제 살 것 같다면서 아침이 밝아올 때까지 몇 번이고 그 뜨거운 토굴을 드나들었다. 그때는 시원하다는 의미를 몰랐다.

낯익은 아주머니들이 들어와 서로 아는 체를 한다.

－어디 안 가세요?

－왜 안 가요. 이따 밤늦게 출발하려구요. 시댁이 양평인데, 길이 엄청나게 밀리거든요.

－우리는 새벽에 출발하기로 했어요. 벌써 시어머님이 전화를 몇 번이나 하셨어요. 언제 출발하냐고. 아마 가는 내내 전화 계속하실걸요. 어디쯤이냐고.

－그냥 좀 기다리시지. 왜 그렇게 전화를 하신대.

－손자들 보고 싶으시대요.

－며느리는 안 보고 싶대?

–일손이 필요한 거겠지.

–음식은 다 하셨어요?

–우리는 며느리가 셋인데 두 가지씩 만들어 갖고 가. 시댁에 도착하면 새벽인데, 언제 음식을 만들겠어. 그래서 각자 만들어 가져가는데, 편하기는 한 것 같아. 옛날에는 남편도 없이 2, 3일 전부터 가서 음식을 했다니까.

–저희는 시댁이 강릉인데 저도 음식 대략 준비해 가요. 전이랑 뭐 이것저것이요. 우리도 식구가 많아요. 그래서 차례 음식도 많이 해야하고 식구들 먹을 음식도 장난 아니에요. 정말 10시간 넘게 걸려서 시댁에 도착하면 명절 연휴 내내 상 차리고 설거지만 하다가 오는 것 같다니까요. 차례 음식에 식구들 음식까지 정말 힘들기는 해요.

–내가 아는 사람은 여행 가서 차례 지냈다는데?

–여행 가서?

–oo스님 강연 영상을 가끔 보거든요. 질문을 하면 상황에 따라 재미있는 답변도 해 주시고 해서 가끔 봐요. 누가 이런 질문을 하더라구요. 명절 때마다 차례 지내는 것이 너무 힘들고 그 시간이 아깝다. 가족들과 여행 가서 재미있는 시간을 보내면 좋겠는데, 음식 장만해서 외국 가서 차례 지내면 안 되는 거냐고 묻는 거예요. 그러자 스님이 이렇게 말씀 하시더라구요. '귀신

은 다 찾아가니까 외국에서 지내도 됩니다. 제사 지내는 사람의 마음을 따라가는 것이니 마음 편한 대로 하시면 됩니다.'

–정말 그래도 될까?

–아이고, 말도 마. 작년 설에 oo리조트에 갔더니 합동 차례상이 있더라니까. 기본적으로 제수 음식은 준비되어 있고 차례 지내고 싶은 사람은 떡국 올리고 절만 올리면 되는 거야. 글쎄 한쪽에 떡국도 큰 솥단지에 끓여 놨더라니까.

–아마 몇 년 더 지나면 명절이 없어지지 않을까요.

–그러면 좋겠어요.

–아, 왜 명절 음식은 며느리들만 해야 하는 거냐구! 왜!

땀을 뻘뻘 흘리던 아주머니 한 분이 버럭 큰소리다. 덕분에 모두 한바탕 웃었다.

–나는 결혼 40년 인생에 처음으로 명절 로또 맞았어요.

–명절 로또가 뭐야?

–오른쪽 무릎을 다쳐서 이번 명절에는 일하러 안 가거든요.

–다쳤으니 로또는 아닌 것 같은데.

–시집와서 한 해도 쉬어본 적이 없는데, 올해는 정말 처음으로 시댁에 못 가게 됐거든요.

–일이 그렇게 많아요?

–시골 살림이라 한 번 내려가면 일이 끝도 없죠 뭐. 명절 전날

에 이렇게 사우나 오는 것도 처음이에요. 너~무 좋네요. 나 혼자 남은 빈집에, 밥 안 해도 되고 정말 로또 맞은 기분이에요.

－잘됐다고 해야 되는 건지, 안됐다고 해야 되는 건지 모르겠네. 많이 다치지는 않은거에요?

－네.

－그래도 혼자 계신 어머님이 걱정돼서 마음이 편치만은 않네요.

－다른 식구들이 가잖아요. 너무 걱정하지 말고 푹 쉬어요.

－그나저나 친정에는 언제 가나…….

－저는 명절 다음 날 가요.

－우리 시어머님은요. 차례 다 지내고 친정 간다고 나서면 시누 온다고 보고 가라, 삼촌 온다고 보고 가라, 천천히 저녁 먹고 가라. 내내 전전긍긍이세요. 안 갔으면 하는 거죠.

－그럴 땐 뒤도 안 돌아보고 나와야 돼. 잡히지 말고.

－시어머님 본인도 딸이 보고 싶으면서, 우리 엄마는 딸 안 보고 싶냐구요.

－그러게 말이야.

－나는 아들도 있고 딸도 있는데, 딸 생각하면 며느리한테 그렇게 못하겠던데. 그래서 설날에는 우리 집에 오고, 추석에는 친정 가라고 했어.

–잘하셨네.

–그나저나 갈 길이 머네. 시댁이 가까운 사람은 좋겠어요.

–저는 5시간 걸려서 시댁 갔다가 차례 지내고 다시 5시간 걸려서 친정 가요.

34년 전, 결혼을 하고 직장 때문에 친정과 조금 가까운 곳에 신혼집을 얻었다. 가깝다고 해도 버스로 30분, 걸어서 10분은 가야 하는 거리다. 한 사람이라도 좀 편하게 회사에 다니자며 남편은 친정과 내가 다니는 회사 중간쯤에 셋집을 얻었다. 하지만 이 사실을 늦게 알게 된 시어머님은 많이 섭섭했는지 아들이 아닌 내게 목청을 높이셨다. 결혼한 아들이 신혼집을 얻는데 어떻게 의논조차 하지 않았냐는 것이다. 그런데 문제는 시어머님의 폭탄선언이었다. 계약한 아파트를 취소하라는 것이다. 그리고는 시댁과 가까운 지역으로 집을 알아보겠다며 전화를 끊었다.

결국 신혼집은 남편의 설득으로 처음 계약한 아파트로 결정됐다. 10평짜리 아파트에 신혼살림이 들어오고 거의 정리가 끝날 무렵 집 구경을 하겠다며 시어머님이 오셨다. 엘리베이터가 없는 저층 아파트였는데, 4층까지 오르는 계단도 버스정류장에서 제법 걸어와야 하는 것도 마음에 안 드는 눈치였다. 하지만 어쩔 수 없는 일이었다. 이것저것 주방을 살피던 어머님이 주문을 걸듯 내게 나직이 말씀하셨다.

—친정에 자주 가는 것 아니다.

냉탕을 다녀와 보니 아주머니들이 모두 사라졌다. 아마도 부지런히 시댁으로 떠날 채비를 하러 갔을 것이다.

얼마나 걸릴지도 모르는 고속도로와 다시 돌아와야 하는 그 길을 생각한다. 어깨로 내려앉는 사우나 열기가 생각을 지운다.

김 팩 아가씨

–하다하다 얼굴에 김을 다 붙였네.

사우나에 들어오던 아주머니가 하는 말이다.

–김이요?

–저어기, 쉼터 찜질방 있잖아. 돌베개 있는데 말이야. 글쎄 거기서 웬 젊은 아가씨가 얼굴에 김을 붙이고 누워 있잖아. 아주 깜짝 놀랐다니까. 시커먼 것이 얼굴에서 쭈글쭈글…… 처음에는 무슨 까만 벌레가 붙은 줄 알았다니까.

아주머니 말에 한바탕 웃음이 터졌다.

–얼굴에 팩하는 사람 여럿 봤어도 살다살다 김 팩하는 사람은 처음 봤네.

그 말에 여인들이 또 웃음을 터트린다.

사실 여탕에서는 얼굴에 무엇을 바르고 돌아다녀도 상관없다. 이상하게 쳐다보는 사람도 물론 없다. 슈렉 팩이 유행할 때는 뿌연 수증기 속에 여기저기 초록색 얼굴만 돌아다녀 괴기스러울 때도 있었다. 어지간히 눈에 띄는 것이 아니라면 별 관심을 갖지 않는다.

－온다.

－누가?

－그 아가씨, 김 팩.

김 팩이라는 말에 또 웃음보가 터졌지만 이내 사우나 문이 열리자 조용해진다. 젊은 여인이 들어오자 모두 시선 집중이다.

－저기요, 아까 붙였던 거 김 맞죠?

－네? 아, 네 맞아요.

－왜, 김을 얼굴에 붙였어요?

－팩 했는데요.

－김으로 얼굴에 팩을 한 거예요?

－네.

모두 궁금한 눈치다. 무슨 효과가 있어서 김을 얼굴에 붙였을까.

－아가씨, 김을 얼굴에 붙이면 무슨 효과가 있어요?

－김은 해조류잖아요. 얼굴에 먼저 우유나 요플레를 바르고 그 위에 김을 붙인 다음, 얼마쯤 있다가 세안하면 피부가 촉촉해져요.

－별의별 팩을 다 하네.

－집에서 하면 반대로 수축 효과가 있어요. 먼저 똑같이 우유

나 요플레 바르고 그 위에 김을 붙여 놓으면 수분이 마르면서 김이 수축하거든요. 엄청 주름에 효과 있어요.

–그런데 누가 그래요? 효과 있다고.

–친구한테 들었어요.

–그 친구는 누구한테 들었대요.

–그건 몰라요. 그냥 좋다고 해서 해보는 건데 저는 좋은 것 같아요.

–젊은 아가씨가 주름도 없는데 효과가 있는지 어떻게 알아요?

–느낌에 좋은 것 같아요.

–피부에 좋다잖아요. 그럼 됐죠 머…….

–그럼, 김 팩 한 번 해봐?

–언니, 해 보고 효과 좋으면 말해줘요.

–알았어~.

–김 팩이라니, 참나…….

예전에는 목욕탕에서 자연팩을 하는 사람들이 꽤 많았다. 오이를 얼굴에 붙이기도 하고, 계란노른자를 바르는 사람도 있었다. 오이는 갈아서 밀가루와 함께 섞어 바르기도 하고, 얇게 썰어 붙이기도 한다. 가정용의 4분의 1 크기 정도의 휴대용 강판도 등장했는데 오이를 얇게 썰 수도 있고 오이를 갈아서 사용할 수도 있다. 그래서 피부에 관심이 있는 여자들은 목욕탕에 올 때마다 오이와 휴대용 강판, 소량의 밀가루를 갖고 다녔다. 나도 휴대용 강판을 하나 구입했는데 차마 목욕탕에는 가져가지 못하고 집에서만 몇 번 사용해 봤다.

어떤 이는 쌀겨인 미강(米糠)에 꿀을 섞어 바르기도 한다. 온몸에 오일을 바른 후 우유나 플레인 요거트로 마사지를 하는 사람도 흔하게 볼 수 있다. 나도 목욕탕에 200m 우유를 꼭 가져갔다. 새로 구입하기보다는 유통기한을 넘긴 우유다. 하루쯤 지났으니 마셔도 괜찮겠지만 아무래도 찜찜해 몸에 양보하는 것이다. 어쨌든 여자 목욕탕에서 얼마나 많은 사람들이 유제품을 애용했는지 수질오염의 원인이 된다고 하여 목욕탕에서 금지시켰다. 목욕탕에 들어서면 수증기에 섞인 알 수 없는 냄새들이 진동했으며 그 모든 것들이 하수구로 흘러들어 갔다. 요즘에는 자연팩을 하는 사람은 별로 없다.

사우나에서의 화두는 여전히 피부미용에 관한 정보가 제일 인기다. 누군가 미간 주름이 펴진다면서 바셀린 팩을 해 보라고 권했다. 상처에 바르는 것이 바셀린이라고 알고 있는데, 주름에 효과가 있단다. 팩하는 방법도 자세히 알려준다. 들기름도 피부에 좋다고 한다. 먹는 것이 아니라 얼굴에 바른 후 마사지를 해

주면 탄력에 효과 만점이란다.

어쨌든 나도 귀가 솔깃하다. 중년이 되면서 거울 보는 것이 싫어졌다. 요즘에는 거울도 잘 쳐다보지 않는다. 어느 틈엔가 콧등의 주름이 눈에 띄게 깊어졌다. 탄력 없는 피부에 화장을 할 때도 의욕이 없다. 감추려고 아무리 애써도 감춰지지 않는 슬픈 현실이다.

그나저나 나도 오늘 저녁에는 김밥 만들려고 사다 놓은 김으로 팩 좀 해볼까.

사전연명의료의향서

추운 칼바람이 몰아치는 한겨울인데도 노천탕에는 여인들이 가득하다.

–형님, 천국이 따로 없네요. 여기가 천국이고만.

–그러게 말이야. 하늘은 높고 바람은 차고, 여기가 선녀탕이지.

–아니, 그럼 우리가 선녀라는 거지?

–맞네, 선녀!

–즐겁게 목욕하다가 하늘에서 부르면 올라가면 되겠네요.

–갈 때 되면 가야지. 선녀도 올라갔는데 우리 같은 사람 안 부르겠어.

–맞아, 제발 아프지 말고 가는 게 소원인데 그러려면 건강해야지.

–어떻게 안 아픈가. 평생을 일만 하고 살았는데.

–나는 스물에 시집왔더니 시어머니에 시동생 둘, 시누이까지 있더라니까. 우리 시집은 밭농사가 또 엄청 난거야. 내가 남편

하고 결혼해서 45년 살았는데 정말 고생 많이 했어. 그동안 시동생, 시누이 결혼 다 시키고, 홀시어머니 수발 다 하고, 밭농사까지 했는데 허리가 남아나겠냐고. 자식들이 일하지 말라고 하도 성화를 해서 남은 밭떼기 남 빌려주고 지금은 슬슬 목욕이나 하고 놀러 다니는 거지 머. 이제는 몸뚱이 간수하는 것도 힘드니 언제든 하늘에서 데려가도 괜찮아.

—잠자다가 어느 날 죽는 게 우리 소원이기는 한데, 뜻대로 돼야 말이지.

—그래서 나는 사전연명의료의향서 신청했다니까.

—그게 뭔데?

—사전연명의료의향서 몰라?

처음 들어보는 말이다. 사전연명의료의향서…….

—아니, 요즘 그거 알 만한 사람들은 다 아는데 몰라요? 아프다가 죽을 때 다가오면 병원에서 자꾸 살려 놓잖아요. 심폐소생술도 하고 인공호흡기로 억지로 숨쉬게 하고 그거 다 소용없잖아. 남은 식구들한테도 못할 짓이고. 그래서 더 이상 살 수 없다면 목숨만 연장하는 의학적 시술을 거부하겠다는 내 의사를, 정신 있을 때 미리 신청해 놓는 거지. 이미 손쓸 방법이 없다면 더 이상 생명 연장하는 시술은 하지 말라고…… 그게 사전연명의료의향서에요.

–그런 게 있었네…….

–나도, 처음 들어보네.

여기저기서 어르신들이 말없이 고개를 끄덕인다.

연명의료결정법은 시행된 후 2개월 만에 3천 명이 넘는 환자가 연명의료를 거부하고 자연스러운 죽음을 선택했다. 사전연명의료의향서는 나중에 회복 불가능한 상태에 빠졌을 때 연명의료를 받지 않겠다는 의사를 미리 밝혀 두는 것으로, 19세 이상이면 신청할 수 있다. 이 법은 회생 가능성이 없는 환자가 자기의 결정이나 가족의 동의로 연명치료를 받지 않을 수 있도록 하는 법으로, 2016년 1월 국회를 통과했다. 이에 따라 호스피스 분야는 2017년 8월 4일, 연명의료 분야는 2018년 2월 4일부터 시행에 들어갔다.

죽음은 분명 유쾌한 사건은 아니다. 하지만 누구도 피해 갈 수 없는 사건이다. 죽음을 맞이하는 방법과 경로는 다양하다. 갑작스러운 사고로 생을 정리할 기회도 없이 죽을 수도 있고 어느 정도 자신의 삶을 정리하고 죽을 수도 있으며 혹은 원치 않는 질병으로 고통을 겪다가 죽을 수도 있다.

존엄사는 어찌 되었든 죽음의 시기를 인위적으로 앞당기는 것이다. 비록 소극적으로 연명의료 등을 중단하는 것이기는 하지만, 부작위가 작위와 같이 평가받는 경우도 세상에는 많다. 그런 점에서 연명의료(호스피스, 완화치료 등)의 중단은 환자의 인간으로서의 존엄과 가치의 보호, 침해 사이에서 균형점을 찾는 노력이 필요할 것이다. 또한 환자가 최선 최적의 치료를 받고 그 후에 질병 상태, 예후 예상되는 시술 등에 대해 충분히 인지하고 결정할 수 있도록 해야 한다.

인간으로서 깔끔하게 죽음을 결정할 권리가 있고 인간으로서 질병에서 벗어나 다시 정상적인 생활을 추구할 권리도 있다. 죽음을 스스로 결정한다는 것은 영적인 측면에서 교만한 태도이기는 하지만, 환자가 인생의 최종 뒤안길에서 스스로 남은 삶을 선택할 수 있도록 하는 것은 '그'를 존중한다는 측면도 분명 있다. 어쨌든 매우 어려운 문제이다.

내가 그런 상황이라면 나 역시 고통스럽게 이 세상에 남아 있고 싶지 않다. 주어진 삶에 최선을 다했노라고 말할 수는 없지만 열심히 살았다고 생각한다. 남은 가족들에게 고통을 주는 일은 하고 싶지 않다. 기꺼이 내가 나를 보내 주어야 한다.

－나는 그래도 오래오래 살고 싶은데……. 아깝잖아. 내 청춘이…….

－형님, 건강하게 오래 사세요. 나중에 혹시 병이 나서 일어나지 못할 것 같으면 그때 생각하셔도 돼요. 그렇게라도 누워서

자식 고생시키는 게 나을지, 어차피 저 하늘로 가야 할 건데 순순히 내가 자발적으로 나서든지.

–아휴, 오늘따라 탕이 뜨끈뜨끈한데.

–아주머니, 할머니 선녀 여러분 건강하게 오래 삽시다~.

사전연명의료의향서, 나도 신청해야겠다.

보톡스 맞아 봤니

–너 얼굴이 부었다.

–그래 보여?

–양볼이 풍선 같다. 빵빵해.

–이상해?

–응.

–사실, 어제 보톡스 맞았어.

–어쩐지…….

–보톡스 맞은 다음 날이 제일 어색한 것 같아.

–너무 자주 맞는 것 아니야.

–벌써 6개월 지났는데…….

–요즘 가격은 비싸지 않지?

–병원마다 다르다고 하는데, 나는 한 대에 5만 원.

사우나 안의 여인들이 귀가 솔깃하다. 두 사람이 나누는 대화에 집중하더니 질문이 시작된다.

–어디서 맞았어요?

–주사 맞으면 금방 팽팽해져요?

–효과는 얼마나 오래가요?

–나처럼 늙어서 주름 많아도 펴질까?

–여러 명 같이 가면 할인 안 되나?

요즘에는 연예인들이나 일반인 할 것 없이 누구나 피부과 시술을 받는다. 오랜만에 컴백한 배우들은 어김없이 부자연스러운 모습이다. 피부가 고운 내 친구도 어느 날 웃는 모습이 어색해 혹시, 하고 넌지시 물으면 보톡스 주사를 맞았다고 고백한다. 이제 보톡스는 화장품과 다를 바 없다.

몇 년 전인가, 가까이 지내던 여류시인이 보톡스 효과를 본 적이 있다. 나이에 비해 노안의 피부를 가진 것이 늘 콤플렉스였던 그분은 어느 날 열린 문학 행사에 빵빵한 풍선이 되어 나타났다. 참석한 사람들이 몰라볼 정도였다. 나도 처음에는 알아보지 못했다. 다른 사람인 줄 알았다. 보톡스 주사 한 대로 사람이 그렇게 달라질 줄이야. 아마 모두 궁금했을 것이다. 하지만 누구도 보톡스에 대해 묻는 사람은 없었다.

나이가 들면 여자들은 안티에이징에 관심이 많다. 거울을 들여다볼 때마다 늘어가는 주름. 피부를 '다시 팽팽하게' 만들어 주름을 없애고 피부 탄력을 끌어올린다는 쇼핑 호스트의 말이

진심으로 들린다. 피부의 '활력'을 되찾아 준다는 뻔한 단골 문구에도 비싸지만 사고 싶어지는 욕구를 불러일으킨다. 이상하게도 극적인 변화를 얻을 수 있다면 왠지 신뢰가 가고, 똑같은 주름방지 크림을 놓고 고를 때도 최신 실험 결과가 반영됐다는 문구가 보이면 값을 더 주고라도 사야 되나 망설인다. 이집트의 클레오파트라 여왕이 젊음을 되찾기 위해 당나귀 700마리를 기르면서 매일 당나귀 젖으로 목욕을 했다고 하는데 예전이나 지금이나 미용을 위한 시도가 놀랍기만 하다.

현대 화장품 산업을 일으킨 사람 중 하나인 찰스 레브슨의 말이 생각난다.

"우리가 파는 것은 립스틱이 아닙니다. 우린 꿈을 팔죠."

오래전부터 전 세계적으로 수많은 사람들이 미용 산업으로 먹고 살아왔다. 그리고 이 분야는 끊임없이 새로운 욕구를 만들어낸다. 대대적인 광고를 통해, 익숙하고 평범한 주름들이 달갑지 않은 병으로 둔갑하기도 한다. 미간의 '분노 주름', 눈가의 '까마귀 발 주름', 눈 안쪽의 '토끼 주름', 이마의 '근심 주름', 입가의 '심술보 주름', 그리고 '칠면조 목' 등 이름조차 그다지 달갑지 않다. 이것들 가운데 대부분은 공식적으로 보톡스 주입이 금지되어 있다고 한다. 그럼에도 불구하고 많은 이들이 부지런히 주사를 맞고 있다.

—동네 피부과에 점 빼러 갔었거든요. 막내딸 이마에 부처님 점이 떡 하니 있어서요.

—점 하나에 얼마예요?

—만 원이요.

—싸네.

—보톡스도 엄청 저렴하던데요. '미간 눈꼬리 등-보톡스 3만 원' 이렇게 쓰여 있더라구요.

—3만 원? 너무 저렴하다.

—제가 미간에 주름이 있어서 친정엄마가 저만 보면 보톡스 맞으라고 만날 때마다 잔소리 아닌 잔소리를 하거든요. 친정엄마도 10년 전에 보톡스 맞았는데 아직 팽팽하다고 자꾸 권하시는 거예요. 그래서 그날 저도 보톡스 맞았어요. 어때요. 표시 나요?

—어디 봐요. 잘 모르겠는데…….

—여기요, 여기. 얼떨결에 맞고 왔는데 첫날은 모르겠더니 오늘 3일 지났는데 팽팽하네요. 근데 이게 근육 마비제인지 얼굴을 찡그려도 미간 주름이 안 잡혀요. 피부를 단단하게 만들어서 아예 주름이 안 생기게 하는 건지.

—아하, 그래서 얼굴에 보톡스 맞은 사람들이 말을 잘 못하는 거구나.

—그래도 보톡스 효과 궁금하기는 하다.

-요즘 사람들은 보톡스 수시로 맞는다던데.

-형님, 우리 같이 가 볼까. 주사 한 방에 팽팽해진다잖아요.

보톡스 이야기로 사우나에 웃음꽃이 피었다.

시간의 흐름을 막을 수 없는 나이. 나이가 들면서 일어나는 수많은 변화가 피부에도 일어난다. 우리 피부는 우리와 함께 나이가 들고 좋은 이야기이건 나쁜 이야기이건 우리 이야기를 드러낸다. 나이가 들어 세월의 흔적은 남더라도 온화함이 풍기는 사람이 되었으면 좋겠다. 있는 그대로의 나 자신을 받아들이면서 말이다.

그런데, 고백하자면 보톡스가 궁금하기는 하다.

사바아사나

목욕탕에 가면 여기저기서 운동하는 사람들이 많다. 뜨거운 열탕에서 기마자세를 하거나 발차기를 하는 것은 기본이고 물 속에서 멋진 글자를 만드는 사람, 회오리를 만들며 팔을 열심히 돌리는 사람도 있다. 대부분 건강에 도움이 되라고 하는 것이겠지만 다른 사람들에게 불편을 끼칠 뿐만 아니라 별로 좋아 보이지도 않는다. 냉탕에서는 수영장에서 배운 아쿠아로빅을 하거나, 실제 수영장인 줄 착각하는 사람도 있다.

건조한 계절이 오면 나는 습식 사우나를 즐겨 찾는다. 피부가 건성인 편이어서 환절기에는 특히 수분이 많이 필요하다. 업무에 밀려 며칠 수면이 부족하다 싶으면 어김없이 온몸이 푸석거리는 느낌이다. 오늘의 습식 사우나 온도는 58℃. 누워 쉬기에 적당하다. 습식 사우나는 고온이나 중온 사우나에 비해 사람이 별로 없어 좋다.

돌바닥이 뜨끈하다. 방수 방석을 베개 삼아 누웠더니 등으로 느껴지는 온도에 온몸이 노곤하게 풀린다. 사우나 안의 적당한 습기가 숨을 쉬기에 편안하다. 차가운 수건으로 이마와 눈을 덮고 이런저런 상념에 젖는다. 깜박 잠이 들었나 보다. 출입문을 따라 들어온 바람에 선잠에서 깼다. 피곤했나……. 그때였다. 몸을 뒤척이는 순간 왼쪽 구석의 커다란 두 눈과 마주쳤다. 그런데 두 눈이 거꾸로 붙어 있다. 벌떡 일어났다.

–어머! 뭐 하세요!

습식사우나에 들어서면 출입문 왼쪽으로 움푹 들어간 좁은 공간이 있다. 조명도 잘 비추지 않는 곳이어서 조금 어둡다. 제대로 앉아 있기도, 그렇다고 서 있기도 불편한 곳이라 대부분은 그곳에 자리를 잡지 않는다. 그런데 그 좁은 공간에 아주머니 한 분이 물구나무를 하고 있다. 내가 들어오기도 전부터 그러고 있었던 거다. 분명 숨소리도 안 들렸는데 말이다.

–시르사아사나.

–네?

–요가 중이에요. 물구나무 자세.

–깜짝 놀랐어요.

–구석진 곳이라 물구나무 자세 하기에 딱 좋아서요.

–인기척이라도 하시지.

–거꾸로 있는데 무슨 인기척을…….

–얼마나 그러고 계신 거예요.

–글쎄, 잘 모르겠는데요.

–세상에, 이 더운 곳에서…….

–적당히 습기가 있어서 좋아요. 사람도 별로 안 들어오고.

–그나저나 언제까지 그러고 계실 거예요.

–이제 그만할 거예요.

거꾸로 서 있던 그녀는 천천히 바로 선 인간으로 돌아왔다.

잠시 후 물구나무를 하던 아주머니가 사우나를 나가자 연꽃 자세를 하고 앉았다. 예전에 나도 요가를 잠깐 수련했다. 연꽃 자세(파드마사나)는 몸과 마음을 편안하게 안정시켜 주는 기본적인 명상 자세다. 양반다리와 비슷한데 우선 오른쪽 발을 하늘을 향하도록 한 뒤 왼쪽 허벅지를 올린다. 엉덩이를 약간 뒤로 빼는 듯하고 단전에 힘을 지그시 준다. 손은 각각 허벅지 무릎 위쪽에 놓는데 손 모양은 안쪽에 달걀을 잡듯 동그랗게 한 모양이다. 어깨와 몸 전체에 긴장을 풀어준 후 척추를 곧게 펴고 1분간 자세를 유지한다. 들숨과 날숨을 쉬며 자세를 유지하면 몸과 마음이 편안해진다. 나는 아직은 가부좌 자세가 편하다.

다음으로 다리와 골반을 열어서 나비의 날개처럼 펴주는 동작인 나비 자세(코나사나). 양반다리와 비슷하지만 다른 것은 양쪽 발바닥을 마주 붙여야 한다. 평소 자주 하는 자세인데 고관

절과 골반을 자극해서 시원하게 펴준다. 특히 여자들에게 좋다. 나비가 날개를 열심히 펄럭이듯 다리를 흔들어 근육을 깨운다. 그 상태로 상체를 숙이면 몸이 더 펴지는 것을 느낄 수 있다. 특히 사우나에 혼자 있을 때 자주 하는 동작이다.

이제는 잠시 누워서 쉴 차례다. 습식 사우나는 낮은 온도에서 천천히 몸을 데우며 쉬는 것이 포인트다. 그럴 때 하면 좋은 요가 동작이 있다. 송장 자세(사바아사나)다. 요가 수련 후 몸의 긴장을 풀어낸 채로 움직이지 않고 몸과 마음을 고요하게 만드는 자세다. 송장 자세는 바닥에 등을 대고 누운 채 양팔에 힘을 빼고 손바닥이 위로 향하게 한다. 두 다리는 어깨너비 정도로 벌리고 골반과 엉덩이를 편안하게 한다. 코로 천천히 호흡하며 내쉬는 숨에 복잡한 생각들을 내보낸다. 눈을 감고 몸이 잠든 것처럼 긴장은 풀지만 의식은 깨어 있는 상태를 만들어 주는 것이다.

– 여봐요!

– 네? 네?

– 아이고 피곤했나 봐.

– 네?

– 코 고는 소리에 사우나 천정 무너지겠어요.

–제가요?

–여기 있는 사람들 다 들었구먼. 하도 크게 골아서 내가 깨운 거예요.

–그럴 리가, 저는 요가를 하고 있었는데…….

–요가?

–네, 요가요. 사바아사나…….

–무슨 요가길래 코를 골아요?

아주머니의 말에 여기저기서 웃음소리가 난다. 코를 골았다는 말에 부끄럽기도 하고, 정말 골았는지 의심도 들었지만 분명 요가를 했노라고 변명했다.

–송장 자세라고 누워서 하는 요가예요.

–송장 자세? 그런 것도 있나?

–네, 송장처럼 누워서 온몸을 풀어주는 거에요. 사바아사나 자세라고…….

–습식 사우나라 온도가 낮아도 오래 있으면 큰일 나지. 다시는 여기서 요가 하지 말아요.

–송장처럼 누워 있다가 정말 송장 돼요.

–네, 고맙습니다. 깨워 주셔서…….

성형 미인과 인조 미인

야외 노천탕으로 20대 초반의 여인들이 들어왔다. 우윳빛 살결에 균형 잡힌 몸매가 인형 같다. 탕 속에 있는 중년 여인들은 호기심 가득한 표정이다. 그녀들을 바라보는 것만으로도 눈이 부시다. 나도 저렇게 반짝이는 피부와 조각 같은 몸매를 지녔던 적이 있었던가. 아니다. 그냥 건강한 몸이었다. 물속에 잠겨 있는 내 몸을 내려다본다. 뿌연 약초탕이라 잘 보이지 않는다. 다행이다.

－앞, 뒤를 텄더니 눈이 커져서 나보고 예뻐졌대.

－누가, 남친이?

－응, 그리고 우리 회사 과장님도 예뻐졌다고 하던데.

－얼마 들었어?

－120만 원.

－좀 비싼 거 아냐.

－나 강남에서 했어. 유명한 곳이야. 연예인들도 많이 했대.

－강남 어디?

—말하면 아냐. 아무튼 유명한 성형외과야.

—나는 60만 원에 했는데…….

—정말? 어디서?

—우리 엄마 아는 병원.

—좋겠다. 엄청 싸게 했네.

—절반 가격이지.

—다음에는 나도 같이 가자.

—알았어.

—근데 의사선생님이, 나는 눈 트는 것이 더 예쁘다고 하길래 그렇게 했더니 눈매가 훨씬 좋아졌어

—눈이 더 크고 시원해 보이는데.

—너도 잘 됐다.

—완전~ 마음에 들어.

탕 속의 여인들이 가자미 눈으로 힐끗거린다. 나도 슬쩍 봤다. 하얀 피부에 선명한 이목구비는 만화에서 현실 세계로 나타난 공주님 같다. 여리한 몸매에 봉긋한 가슴은 정말 완벽한 실루엣이다. 예쁘다……. 성형 미인이면 어떠랴. 저렇게 눈이 부시게 예쁜데.

—근데, 너 지난번엔 코 높이지 않았냐. 그거 한 지 얼마나 됐다고 또 성형을 했냐.

—코 세우고 나니까 눈이 좀 크면 더 좋겠더라고. 왜 그런거 있잖아. 멋진 원피스 장만했는데 가지고 있는 핸드백 안 어울려서 거기에 맞는 가방, 구두, 액세서리 계속 사게 되는 거.

—하긴, 성형은 한 번 시작하면 멈출 수가 없다니까.

—근데, 너는 지난번에 가슴 축소 수술한 것 많이 아팠어?

—죽는 줄 알았다니까. 의사선생님이 그러는데 확대 수술보다 축소하는 수술이 더 아프대. 그렇게 아픈 줄 알았으면 수술 안 했을 거야. 뭐 아무튼 가슴이 좀 작아지니까 옷 입을 때 스타일도 살아나고 전체적인 균형이 잘 맞는 것 같아. 평소에는 가슴이 너무 커서 좀 부담스러웠거든.

—너 가슴 대박 예뻐. 너무 예쁘게 잘 됐다니까.

—다음에는 우리 왼쪽에 보조개 하나 만들까?

—그것도 예쁘겠다.

그녀들의 대화를 듣고 있던 연세가 지긋한 아주머니 한 분이 말을 건다.

—아가씨들 인조 미인이네.

—인조 미인이요? 무슨 말을 그렇게 하세요.

—인조 미인 맞잖아. 잘라내고, 째고, 붙이고.

—뭐래요?

—그렇게 해서 예뻐지면 뭐가 좋은지, 말 좀 해 봐요.

–예쁘면 좋잖아요.

–그러니까 뭐가 좋으냐고.

–예쁘면 사람들한테 관심받잖아요.

–남자들이 좋아해요.

–그럼 아가씨들은 남자들 때문에 성형하나? 관심받고 싶어서?

–회사 가서도 예쁘면 인기 많아요.

–다른 사람들에게 잘 보이려고 몸에 칼을 대? 관심 받으려고?

–아줌마, 요즘에 성형은요 화장하고 똑같아요. 아줌마도 눈썹 문신했잖아요. 아이라인도 했죠? 우리 엄마도 했거든요. 그건 성형 아니에요? 아줌마도 눈썹 없는 자기 얼굴 보여주기 싫으니까 눈썹 문신한 거잖아요. 우리도 그렇다고요. 예뻐지고 싶은 게 뭐 잘못된 건 아니잖아요.

순간 누가 쳐다볼까 봐 나는 사람들의 시선을 피했다. 내 눈썹은 중간을 지나 3분의 2지점부터는 아예 없다. 그래서 외출할 때는 항상 눈썹을 그렸는데, 수영장이나 목욕탕에 갈 때는 어쩔 수 없이 반쪽 눈썹이 드러난다. 그것이 신경 쓰여서 얼마 전에 미용실에서 눈썹 문신을 했기 때문이다.

–그래도 우린 인조 미인은 아니지. 잘라내고, 붙이고 한 건 아

니잖아. 안 그래?

－인조 미인이라구요?

－응, 그런 것 같은데. 내가 보기에는.

－형님은 얼굴에 손 하나도 안 댔수? 쌍꺼풀도 안 한 거야?

－안 했지. 어쨌든 아가씨들은 인조 미인, 나는 인조 인간이구만 그래…….

－무슨 소리예요?

－다리에 철심 박았거든…….

－아…….

그때 우르르 젊은 여인들이 실내로 들어간다.

노천탕에 남은 여인들은 그녀들의 뒤통수에 대고 한마디씩 던진다.

－너희도 함 30년 살아 봐라~.

－우리 나이 돼 봐라~.

노인과 보험

–어머니, 참 고우세요. 아직 환갑은 안되셨죠?

–무슨 소리야. 칠십 넘었어요.

–어머나, 너무 젊으시다. 자식들은요.

–뭐, 자식들이야 다 결혼해서 따로 살지. 요새 누가 같이 살라고 하나.

–하긴요. 그럼 혼자 지내시는 거예요?

–영감님 먼저 세상 뜨고, 그냥 이렇게 친구들이랑 목욕도 다니고, 놀러도 다니고 그러지 머.

–그러시구나.

노천탕에는 어르신들이 많다. 시원한 바람과 따뜻한 수온의 한 방탕이 있어서다. 시간제한이 있는 것도 아니고 너른 평상이 있어서 탕을 들며 날며 음료나 과일 같은 간식을 먹기에도 좋다. 그래서 이곳은 동네 사랑방처럼 어르신들의 즐거운 수다가 끊이지 않는다. 열아홉에 시집와 50년을 살아온 사연부터 영감님의 작은댁 이야기도 스스럼없이 털어놓는다. 가만히 듣고 있으면 인간극장 몇 편은 본 것 같다. 우리네 삶이 그렇듯이 사연 없는 사람은 없으니까.

오늘은 이 한방탕에 보험설계사가 찾아온 모양이다. 실내 목욕탕의 습기가 답답해 노천탕에 잠시 쉬러 나왔는데, 노인보험 이야기가 한창이다.

—그러면 어르신, 집은 있으신 거예요?

—있지. 이 나이에 집도 돈도 없으믄 자식들이 거들떠보기나 하나.

—맞아 맞아.

—자식들도 저희들한테 기대려는 부모는 안 반기는 세상이니까.

이쪽저쪽에서 이구동성이다. 부모와 자식들과의 관계도 많이 변한 모양이다. 자식들에게 짐 취급 당하지 않으려면 돈이 있어야 된다는 말에 긍정도 부정도 아닌 애매한 감정이 밀려든다.

—그럼 뭐 당연히 보험도 다 들어 놓으셨겠네요.

—보험?

—네, 보험 없으면 병원비나 약 값이 너무 많이 들어가잖아요. 앞으로 자꾸 몸이 아프실 텐데.

—난, 보험 있어.

—나도 우리 아들이 가입해 줬어. 그래서 지난번에는 보험으

로 무릎 수술했잖아.

－난 모르겠네……. 보험 들었든가.

－나는 큰딸이 무슨 보험인가 들었다고 하던데, 잘 모르겠네.

－나는 영감님이 돈 관리를 해서 모르겠는데. 보험을 들었든가 아닌가.

－아이고 어르신, 보험은 집, 돈, 다음으로 필수에요. 필수.

－여봐요, 우리 같은 노인들은 보험료가 비싸요. 그런데 왜 자꾸 보험에 가입하라는 거요.

－어르신들한테 제일 중요한 보험 있잖아요. 노인장기요양보험이요.

－그런 보험도 있나?

－그게 무슨 보험인데요…….

－나는 처음 들었어.

－나도.

－나도 생전 처음 듣네.

홀로 계셨던 친정아버지 때문에 노인수발보험인 노인장기요양보험을 알고 있다. 노인장기요양보험은 건강보험, 국민연금, 고용보험, 산재보험에 이은 제5의 사회보험으로 불리는 사회보장제도다. 고령이나 노인성 질병(치매, 중풍) 등으로 일상생활을 혼자 하기 어려운 어르신에게 직접 방문해 식사, 목욕, 집안일, 간병도 해 주고 집이 없으신 어르신들은 요양 시설에 입소해서 안정적인 노후생활을 할 수도 있다. 최근 우리나라도 고령화가 급격히 진행되고 있어 치매, 중풍 등 요양 보호를 필요로 하는 노인이 늘어나고 있다. 그래서 장기간 요양, 비용 부담 가중 등 환자 가족에 의한 요양 보호의 한계도 점점 문제다. 그런 점에서 이 보험은 개인에게 맡겨져 있던 노인에 대한 요양보호 책임을 사회보험 형태를 통해 사회 전체가 공동으로 부담하고자 하는 취지에서 추진되고 있는 제도라고 하겠다.

–그리고 어르신, 집 있으시잖아요. 혹시 수입이 줄어들어서 노후 걱정되시면 살고 계신 집 담보로 주택연금에 가입에 하셔도 돼요.

–주택연금? 그건 또 뭐야.

–어르신들이 소유한 주택을 담보로 하는 건데요. 살아 계시는 동안 노후 생활 자금을 다달이 받아 생활하시다가 어르신 돌아가시면 그 집을 처분해서 사용하신 금액을 상환하는 거예요. 대신 조건이 있어요. 부부 기준 보유 주택 합산 가격이 9억 원 이하여야 해요.

–나는 혼자 사는데?

–나도.

–지금 살고 있는 집 안 비싸다. 그래도 되나?

–몇 살부터 되는 건데?

–만 55세부터 신청 가능하세요. 올해부터 60세에서 55세로 변경됐거든요. 부부 중에 한 명만 55세면 가능해요. 본인 집에서 계속 살면서 노후생활도 보장되니 너무 좋죠. 다른 곳에 이사 가실 계획 없으시면 주택 맡기고 대출 형식으로 매달 생활비를 받으니 얼마나 편해요.

–그런데 말이요. 만약 내가 오래 살아서 집값보다 더 돈을 많이 쓰면 어떻게 해?

–그럴 때는 주택을 관리하는 한국주택금융공사에서 전부 책임져요.

–어머나, 내가 더 쓴 돈을 책임진대요?

–정말?

–세상에 그런 게 있었네.

–그래서 주택연금은 신청하는 분이 많으세요.

–내가 일찍 죽으면?

–그럴 때는 사용한 금액 상환하고 남은 주택 처분액은 자식들이나 유족에게 상속되죠.

–좋네. 그거.

–이 주택연금의 장점은요 지금 살고 계신 집에서 평생 살 수 있도록 보장하고 자녀들의 눈치 볼 필요 없이 당당한 노후 생활

이 가능하다는 점이에요. 생활비 아쉬운 소리 안 해도 되고 혹시라도 사업하는 자식들에게 집 뺏길 일도 없고요.

– 영감하고 의논 좀 해 봐야겠는데.

– 그러게요.

– 그런데 자식들이 돈 달라고 하면 집을 팔아서라도 해줘야지 어떻게 안 주나.

– 우리도 살아야지 그러다 같이 망해요.

– 아니, 형님 언제까지 자식들 책임지려고 그래요.

– 자식이잖아…….

– 아이고, 형님 큰일 날 소리 하지도 말아요.

– 여봐요, 자세히 좀 알려줘 봐요. 어떻게 해야 되는지.

나도 오십 대 후반이라 은퇴 이후의 삶에 대한 관심이 많다. 이미 계획하고 있는 부분도 있다. 사실 성공적인 노후 생활에는 여유가 있어야 한다. 경제적으로 넉넉한 것만이 아니라 새로운 일을 찾고 그 일을 위해 만나게 되는 사람들과 건강한 관계를 맺으며 삶의 의미를 찾아가는 여유 말이다.

나 역시 아름다운 노후를 꿈꾼다. 바다 혹은 숲이 보이는 도서관에서 책을 읽고 사색하며 글을 쓰는 노후를. 하지만 우리들의 노후가 원하는 대로 이루어질지는 아무도 확신할 수 없다. 어쩌면 이제부터라도 최소한의 의식주와 의료비 마련을 위해 눈에 불을 켜고 계산기를 두드려야 할지도 모르겠다.

노천탕을 나서는 어르신들의 손에, 보험 아주머니의 젖은 명함이 꼭 쥐어져 있다.

나이가 들어서야 알게 되는 것

—저는 요즘 일주일에 두 번, 목욕탕에 올 때가 제일 행복해요. 그동안 하는 일이 너무 바빠서 이런 재미를 몰랐다니까요.

—나도 여기 들어앉아 있으면 다른 생각 전혀 안 나요.

—뜨끈뜨끈하게 지지고 앉아 있으면 영감이고 뭐고 나가기 싫다니까.

—아이고, 형님. 오늘은 영감님 저녁 안 챙겨요?

—여기 오는 날에는 혼자 챙겨 드시라고 다 해놓고 오지. 목욕올 때는 자유 시간이야.

—사우나가 이렇게 마음 편하고 좋은 곳인지 몰랐어요. 정말, 너~무 행복해요.

—연세가 있으시니까 잘 드시면서 하세요.

—그래서 오기 전에 딸기 몇 개, 사과 한 쪽, 이렇게 바나나도 챙겨 왔어요.

—잘 하셨어요. 사우나 오래하면 어지러워요.

—여기 다녀가면 얼굴살이 쏙 빠지는 것 같아요. 볼이 홀쭉해

지는 것 같다니까요.

—빠지지, 정말 빠진다니까.

—그런데 왜 이렇게 여자들은 사우나를 좋아하는 거야?

—여자라고 모두 좋아하는 건 아니겠죠.

—나는 좋아!

—나도요!

—나도!

중년 이상의 나이 든 여인들이 불가마나 고온의 사우나를 좋아하는 이유는 허리, 어깨, 등 같은 근육을 뜨거운 기운으로 풀어주기 때문이다. 여자는 한 번 출산할 때마다 몸의 나이 10년과 맞바꾼다고 한다. 그만큼 몸에 무리가 가는 일이라는 의미다. 또한 육아와 살림을 하느라 나이가 들면 몸 이곳저곳 이유 없이 욱신거린다. 그럴 때 뜨거운 불가마 바닥에 몸을 누이고 풀어주면 그렇게 시원할 수가 없다. 옛날 어른들이 뜨끈뜨끈한 아랫목에서 '몸을 지진다'라는 말을 이제 나이가 들고 보니 이해가 간다.

어릴 때 시골에 내려가면 할머니가 종종 허리나 다리를 주물러 달라고 하셨다. 막연히 농사일을 많이 해서 그런가 보다 했는데, 생각해 보면 일뿐만이 아니라 할머니도 출산을 한 여자였다는 걸 미처 몰랐던 것이다. 산후조리도 제대로 하지 못하고 출산한 지 열흘 만에 밭에 나가 일을 했다는 할머니는 몸뚱아리가 내 것이 아닌 것 같다고 자주 한숨을 쉬었다. 그런 할머니의 모습을 할아버지는 못 본 척했다. 그때 이런 찜질방이나 사우나가 있었으면 얼마나 좋았을까.

뜨거운 사우나에 들어앉아 고행하는 시간이 행복한 여인들. 목욕을 좋아하는 사람은 대체로 진취적이고 매사에 적극적인 경우가 많다고 한다. 그러므로 이들이 건강하고 오래 사는 것은 당연한 일이다. 온갖 잘못된 건강 속설이 난무하는 현실에서 자신은 물론 자신의 주변을 청결하게 하는 간단한 습관이 건강의 기본적인 요소임은 분명하지 않은가.

나는 뜨거운 여름 8월에 첫아이를 출산했다. 그해 여름은 60년 만에 찾아온 더위라며 매스컴에서도 연일 이슈였다. 38℃를 오르내리는 무더위에 내복을 입고 몸조리를 하고 있으니 당연히 선풍기와 부채를 끼고 살았다. 그런데 산후조리가 끝날 즈음 찬바람을 맞은 무릎이 시큰거렸다. 친정어머니에게 증상을 말했더니 목욕을 가자고 한다. 그렇잖아도 산후조리하느라 제대로 씻지도 못해 흔쾌히 따라나섰다. 1시간여 만에 도착한 곳은 변두리 동네에 있는 낡고 허름한 건물이었다. 마당에는 가마니와 장작더미가 여기저기 쌓여 있었다. 처음에는 고물상인 줄 알았다. 낡은 새시문을 열고 들어가니 매캐한 냄새와 습한 열기가 훅, 밀려온다. 아주머니들이 여기저기 누워 있거나 앉아서 이야기를 나누고 있다. 식사를 하는 사람도 보였다. 불에 탄 듯한 가마니와 사람들이 한데 섞여 있는 그곳은 도무지 목욕탕 같지 않았다.

–여기가 목욕탕이야?

–숯가마 한증막.

태어나서 처음 가보는 곳이었다. 여기저기서 어머니와 인사를 나누는 사람들. 아마도 친정어머니는 정체를 알 수 없는 이 곳의 단골인가 보다.

–아는 사람 많네.

–그럼 20년도 넘게 다녔는데…….

–20년이나?

–응. 네 아버지가 다른 건 몰라도 여기 온다고 하며 무조건 허락하잖아.

–아버지가?

–응.

–왜?

–여기서 밤새 지지고 가면 한 달 정도는 앓는 소리 안 하니까. 그걸 아는 거지……. 나한테는 새벽 꽃탕이 최고의 약이거든.

–꽃탕?

—여기 막 안에 나무를 넣고 이틀 동안 불을 때. 타오르던 장작이 숯이 되는 새벽에 그 숯을 긁어내면 그때부터 숯막에 들어갈 수 있거든. 엄청나게 뜨겁지. 아무나 못 들어가. 가마니 두세 개는 뒤집어쓰고 들어가야 해.

—거기를 들어간다는 거야?

—그럼, 몇 번 숯막에 들어갔다 나왔다 하면 몸에서 숯 냄새가 나……. 그렇게 밤새 막을 오가다가 아침에 집에 가면 하루 종일 잠에 빠져서 일어나지도 못해…….

—하루 종일 잠만 잔다고?

—힘들기도 하고, 숯의 기운이 아픈 몸을 나른하게 해주는 거지, 쉬라고……. 그러고 나면 신기하게도 한 달쯤은 아프지 않고 거뜬하다니까.

—신기하네.

—여자 몸이 신기한 거지.

나는 꽃탕에는 들어가지 못했다. 그 옆의 숯을 꺼낸 지 만 하루가 지났다는 중간막에 들어갔다. 막의 입구가 낮고 좁아서 서서는 못 들어간다. 아마도 열기가 빠져나가지 못하도록 한 것 같다. 가마니를 세 겹이나 뒤집어쓰고 기어들어 갔다. 채 5분도 있지 못하고 나왔다. 숨이 막혔다. 열기에 죽을 것 같았다. 원형의 숯막은 공포스러움 그 자체였다. 원망스러운 눈초리로 비위생적인 숯가마를 노려보는데, 어머니가 미역국을 가져왔다. 커다란 대접에 담긴 미역국. 먹어야 하나 말아야 하나 망설였다. 그때 어머니가 한 숟가락 떠서 먹여준다. 간장으로만 간을 한 미역국이었다. 의외로 개운한 맛이다. 어머니는 연신 시원하다는 말을 반복하며 미역국을 들이켰다. 꽃탕을 다녀와도 시원하고, 입천장이 데일 정도로 뜨거운 미역국도 시원하고.

–여자는 몸이 따뜻해야 되는데, 너는 왜 이렇게 몸이 차가운지 모르겠다.

–시원하고 좋지 머.

–혹시 나이 들어서 자꾸 아플까 봐 그렇지…….

–몸이 차면 아프대?

–여자는 몸이 냉하면 별로 좋지 않아. 그래서 너 생리할 때마다 배가 아픈 건지도 몰라.

–그런가…….

어머니는 어디서 들고 왔는지 소금 주머니를 내 무릎에 올려주었다. 처음에는 너무 뜨거워 비명소리가 절로 났다. 소금 주머니를 수건으로 둘둘 말아 내 무릎을 감싸며 어머니는 말했다. 여자는 출산하면 몸조리 잘해야 돼. 안 그러면 평생 고생해 나처럼…….

참 오랜 시간이 흘렀다. 30년 전 기억이다.

–내가 이렇게 사우나를 좋아할지 어떻게 알았겠어요

–왜요, 안 좋아했어요?

–뜨거운데 들어가면 숨이 막히는 것 같아서요. 젊었을 때는 도대체 이해가 안 됐어요. 그런데 나이가 드니 이젠 아무렇지도 않네요. 너무 시원하고 좋아요. 요즘 새로운 행복에 빠졌다니까요.

분명 나이가 들어서야 알게 되는 것들이 있다.

갱년기를 아시나요

–아, 이제 좀 살 것 같네요. 어젯밤에는 너무 힘들었어요.

–어제 뭐 했길래 그래?

–밤새 한숨을 못 잤어요.

–왜, 더워서?

–아무리 선풍기를 틀어도 식은땀에 잠옷이며 베개며 이불까지 다 젖었어요.

–약은 먹어 봤어요? 갱년기에 좋다는 약이요.

–먹어 봤죠.

–이것저것 다 먹어봤는데 별 효과 없어요. 너무 힘들어서 병원에 갔더니 운동으로 이겨내던지 사람들 만나서 여행을 다니던지 최대한 스트레스를 줄이라는데 도무지 해결할 방법이 없네요.

–힘들겠네…….

–몇 년 지나야 될 거예요. 나도 그 증상이 3년도 넘게 있었거든요.

–몸뚱아리 하나로 50년을 넘게 썼으니 병이 날 때도 됐지.

–오래 썼으니 좀 쉬라는 거 아닐까요.

–저는 어디가 아픈 것도, 문제가 있는 것도 아닌데 자꾸 시름 시름 한다니까요. 정말 꼼짝도 하기 싫어요. 그나마 여기 사우나 오는 날 아니면 집에서 죽은 듯이 지낼 거예요.

–며칠 전에 남편한테 갱년기 때문에 힘들다고 하소연했더니, 그게 뭐냐고 묻던데요.

–남자들이 그걸 알까.

–남자들도 갱년기 있대요.

–여자들만 하겠어.

–세상에 그 어떤 것도 출산하고, 애 키우고 살림하는 것만큼 힘든 건 없는 것 같아. 그렇게 참고 쌓였던 것들이 한꺼번에 갱년기로 몰려오니 얼마나 힘들겠냐고. 몸도 좀 생각하며 살아야 되는데 말이지.

–주방에서 이리저리 음식 해서 식구들 저녁 해주고 나면 땀에 절어서 기진맥진 밥이 안 넘어가요…….

–맞아, 맞아.

–얼굴 벌개서 멍하니 식탁에 앉아 있잖아요. 그러면 남편은 "왜 그래?" 하고 한마디 하면 끝이에요. 그래서 제가 버럭 소리를 질렀다니까요. 이 더위에 꼭 밥 먹어야 돼! 사람 이 지경이

되는데!

–호호호, 잘했네. 그랬더니 남편이 뭐래?

–잠깐 빤히 쳐다보더니 아무 말없이 식사 다 하고는 그대로 거실로 가서 TV 보더라고요. 정말이지 식탁에 남긴 빈 그릇 전부 집어던지고 싶었다니까요.

–보따리 싸서 친정에라도 확 가버려.

–저는 갈 데가 없어요. 모두 돌아가셨거든요……."

–그럼, 혼자 어디 여행이라도 가요.

–아무래도 그래야겠어요. 아, 갱년기 너무 힘들어요.

나도 지금 갱년기 5년 차다. 처음에는 불면증, 안면홍조, 갑작스러운 열 오름이 시작됐고 1년쯤 지나자 불면증은 더욱 심해졌다. 이어서 불규칙한 생리불순이 이어지더니 결국 생리를 시작한 지 36년 만에 '난자 0'. 폐경이 되었다. 우울증도 깊어졌다. 특히 집 안에서 하는 모든 일이 싫었다. 마치 감옥에 갇힌 죄수가 정해진 일을 어쩔 수 없이 해야 하는 것처럼 느껴져 더 우울했다. 가끔 자살 충동도 있었다. 평소 같으면 잘 참아지고 견뎌낼 수 있는 일임에도 제어가 안되는 스스로에게 더 화가 나는 현상이 반복됐다.

사람들과 식사하기도 어려웠다. 몇 숟갈 뜨는가 싶으면 온몸에서 식은땀이 솟는다. 특히 얼굴에는 안면홍조와 함께 감출 수 없을 정도로 땀이 뚝뚝 떨어져 어찌할 바를 모른다. 순간마다 치밀어 오르는 화도 참기 어렵다. 이유는 정확히 모르겠다. 그냥 더워서 화가 나고, 누군가 내게 말을 걸어오는 것도 화가 난다. 밥도 먹기 싫고 비 오듯 땀을 쏟으며 주방에 서 있는 것도 화가 난다.

어느 날에는 울고 싶다는 생각이 없는데도 눈물이 쏟아질 때도 있다. 그 눈물이 나서 슬퍼지고 슬퍼지다 보니 더 우울해진다. 그렇게 수시로 변하는 감정 기복은 이유가 없다. 사소한 일에도 누군가 미워지고 또 누군가 그리워지는 마음이 생긴다. 불현듯 오래전에 돌아가신 친정어머니 생각에 하염없이 울기도 한다. 잊었다고 생각했던 상처들이 다시 살아나 나를 괴롭혔고, 견딜 수 없이 화가 났다. 나이가 들어 생기는 자연스러운 현상이라고 해도 좀처럼 감당하기 어려웠다.

갱년기 증상의 메시지는 분명하다. "넌 늙어 가고 있어. 이제 너의 몸을 좀 아껴줘." 그동안 방치했던 내 몸에 대한 호르몬의 경고다.

갱년기를 지나며 알게 된 것은 누구나 예외는 없다는 것이다. 대부분의 사람들이 크든 작든, 많든 적든 혹은 이르게 혹은 늦게라도 갱년기를 거쳐간다. 물론 정도의 차이는 있다. 하지만 갱년기를 그냥 지나치는 사람은 없다. 얼마나 공평한 일인지 모르겠다. 적어도 갱년기는 나를 차별하지 않았으니까.

갱년기가 최고조에 달했을 때는 병원에 가서 신경안정제를 처방받아 잠시 평안을 얻기도 했다. 산부인과 의사는 내게 그냥 몸을 움직여 이겨내라고 했다. 호르몬제 처방은 권하지 않았다. 아마도 평소에 운동을 열심히 하거나 사람들과의 관계가 활동적인 사람은 완만하게 지나가는 모양이다. 그래서 새삼스럽게 알게 된 것은 '나'라는 사람이다.

—그런데 이상하지. 그렇게 열이 올라서 땀이 흐르는데도, 사우나가 오고 싶으니 말이야.

—그 땀하고 여기서 흘리는 땀하고 다르죠.

—뭐가 달라?

—갱년기 때문에 흐르는 땀은 몸이 힘들어서 내보내는 눈물이고, 여기 사우나에서 흐르는 땀은 자유의 눈물이지. 집을 나왔잖아!

어쩌면 갱년기는 '나에게서 멀어지는 훈련'인지도 모르겠다.

누구나 자신의 늙음을 받아들이고, 감정과 호르몬의 전쟁에서 무사히 살아남기를…….

제발, 너나 잘하세요

오늘은 모처럼 사우나 안이 조용하다. 각자의 자리에 앉아 면벽하거나 혹은 속죄하는 마리아처럼 고개를 숙인 채 사우나의 뜨거운 열기를 견디고 있다. 축축한 침묵이 더운 공기 속에 떠다닌다. 모래시계가 아직 절반도 줄지 않았는데 더 이상 견딜 수가 없다.

오늘의 냉탕 온도는 17℃. 으스스하게 시원하다.

그때였다.

－얘! 너 머리 묶고 와!

－네?

－머리 묶고 들어오라고! 이거 안 보여!

－…….

멀뚱하게 서 있는 아이들에게 덩치 좋은 아주머니가 안내문을 가리키고 있다.

탕에 들어갈 때는 머리를 묶고 들어가시오

—너 몇 학년이야?

—초등학교 2학년인데요.

—그런데 이 글씨 안 보여?

—보여요…….

—그럼 읽어 봐! 큰소리로!

—탕에 들‥어‥갈‥때‥는‥ 머‥리‥를‥ 묶‥고‥ 들‥어‥가시오.

—그럼 머리를 묶고 들어와야지! 머리카락 둥둥 떠다니잖아! 너 누구랑 왔어!

—엄마요…….

—그럼 가서 엄마한테 머리 묶어 달라고 해!

—네…….

—너도! 거기 너도!

냉탕에서 놀던 서너 명의 아이들이 순식간에 쫓겨났다.

—아니 목욕탕에 왔으면 애들 머리부터 묶어 줘야지. 저렇게 풀어 헤치고 탕에 들어오면 어쩌자는 거야. 여기저기 이 머리카락 좀 봐. 이렇게 둥둥 떠다니면 얼마나 지저분하고 기분 나쁜데. 애들 머리는 감겼나 몰라. 도대체 공중도덕을 몰라요.

그러더니 아주머니는 냉탕 한가운데서 체조를 시작한다. 두 팔을 위로 올리고 육중한 몸으로 일어났다 앉았다, 다리를 들어올렸다 내렸다 한다. 움직이는 모양새가 스모선수 같다. 물이 출렁이자 냉탕 구석에 앉아 있던 내 몸까지 들썩인다. 이번에는 수영을 하려는지 벽에 붙어 서서 출발 자세를 취한다. 이내 발차기가 시작되고 철퍽거리는 물소리가 목욕탕에 메아리처럼 울린다. 사람들의 시선은 아랑곳하지 않는다. 아주머니는 수영으로 냉탕 맞은편에 도착했다. 푸우~ 시원한 포효를 하는 아주머니. 유리벽에 붙인 안내문은 아직 보지 못했나 보다

냉탕에서 수영하지 마시오

출렁이는 물결에 몸이 들썩여 좀처럼 앉아 있을 수가 없다. 조금 더 차가움을 즐기고 싶었지만 열탕으로 향했다. 반신욕을 하기 위해서다. 45℃의 열탕은 온도가 높아 쉽게 물속 깊이 들어가지 못한다. 방수 스커트를 가슴께로 올리고 탕의 언저리에 앉았다. 뜨거움이 종아리를 건너 복부에 밀려든다. 수건으로 어깨를 덮은 채 허리를 꼿꼿이 펴고 눈을 지그시 감아본다. 고행을 인내하는 수행자처럼 나의 참을성을 시험하는 순간이다.

–아이고 뜨겁다.

–형님, 이리로 들어와요.

–뜨겁네~.

–그래도 푹 담그면 시원해. 들어와요.

–그래, 그래.

목청 높은 아주머니들의 대화에 나의 참선이 깨졌다.

–아니, 아주머니 그렇게 하고 들어오면 안 되죠!

–뭐요? 왜요?

–그거 붙이고 들어오면 안 되잖아요.!

–뭐요?

–부항이요!

실리콘 부항을 온몸에 붙인 채 탕으로 들어오려는 아주머니가 젊은 여인에게 제지를 당했다.

–뭐라는 거예요?

–부항 떼고 들어오시라구요.

–아니, 남이사 부항을 붙이고 들어오든 떼고 들어오든 내 맘이지. 왜 이래라 저래라 참견이에요!

–부항 붙인 채 들어오면 안 되잖아요. 모르세요?

–누가 그래요? 부항 붙이고 탕에 들어오면 안 된다고?

–저기요!

뜨거운 물을 쏟아내는 대형 수도꼭지 위에 이렇게 안내문이 붙어 있다.

여자목욕탕에는 하지 말라는 안내문도 참 많다. 결국 아주머니는 탕에 들어오지 않았다. 아니 들어오지 못했다.

– 별꼴이네 참나.

다시 열탕 주변이 조용해졌다. 어깨에 있던 수건을 걷어내고 물속으로 서서히 몸 전체를 담갔다. 등과 가슴에 닿는 뜨거움에 신음소리가 절로 난다. 찰박거리는 물소리도 없다. 머리와 등을 벽에 기대고 무릎을 세워 가장 편안한 자세로 자리를 잡았다. 잠시 열탕의 참선으로 빠져든다.

몸의 온도가 한계에 다다랐다. 이제 나가야 한다. 냉탕이 있는 곳까지 한 걸음에 달려갔다. 차가운 물을 머리부터 한 바가지 쏟아부었다. 온몸의 세포가 소스라치게 깨어난다. 이 시원함을 무엇에 비하랴.

– 으, 시원타! 아이구, 시원타.

아까 그 아주머니다. 사우나에서 나왔는지 냉탕 계단에 앉아 엄청나게 빠른 속도로 차가운 물을 계속해서 온몸에 퍼붓고 있다. LTE급 속도다. 그런데 냉탕 언저리에 앉아 물을 몸에 붓고 있으니 땀에 젖은 물이 그대로 다시 냉탕으로 들어가는 형국이다. 그 모습을 보고 있자니 냉탕으로 들어가고 싶지 않았다. 몇 번 더 차가운 물을 몸에 붓고 돌아서는데 벽에 붙어 있는 안내문이 눈에 들어온다.

탕에 들어갈 때는 몸을 헹구고 들어가시오.

냉탕에서 첨벙거리는 아주머니를 뒤로하고 혼잣말로 중얼거린다.

아주머니, 안내문 읽을 줄 모르세요. 제발, 너나 잘하세요.

자매 이야기

－너는 돈 좀 쓰고 살아라. 맨날 모으지만 말고, 도대체 그 돈 어디에 쓰려고 그러는데?

－언니 또 잔소리다.

－놀러 가는 것도 싫어, 맛있는 거 먹으러 가는 것도 싫어. 쇼핑도 싫어. 하다못해 병원도 가기 싫어. 왜 그러는데?

－언니, 그만해. 창피해 죽겠네.

－사람들 들으라고 하는 소리야. 제 동생이거든요. 근데 도대체 내 말을 안 들어요. 재산도 많은데 본인한테는 한 푼도 안 쓴다니까요. 글쎄, 자식도 없으니 좀 치장도 하고 놀러도 다니라는데도 말을 안 들어요.

－언니, 무슨 그런 말을 이런 사우나에서 해. 그만하라니까.

－뭘 그만해. 땅이 천 평도 넘게 있고, 집이 두 채에 현금도 몇 억이나 있다니까요.

－아이구, 동생이 부자네.

－부자면 뭐해요. 자식도 없는 것이 돈만 싸 놓고, 제 건강도

안 챙기는데.

—언니!

—뭘! 왜!

한 사람은 사우나 안쪽에 있는 의자에, 한 사람은 문 앞에 앉아 있다. 중간에 있는 사람은 두 여인이 주고받는 이야기에 따라 오른쪽, 왼쪽으로 고개를 돌리며 듣고 있다. 온도가 높으니 말하는 것도 힘들 텐데 두 사람의 논쟁은 좀처럼 멈추지 않는다. 평소에는 사우나에서 여인들의 이야기를 듣는 재미가 쏠쏠한데 오늘은 유난히 시끄럽다. 서로 거리가 멀어서인지 두 사람의 목소리 톤이 높다.

—자매가 많이 다른가 보네요.

—많이 다르죠. 정반대에요. 나는 사람들하고 놀러 다니는 거 좋아하는데, 동생은 집 밖으로 잘 안 돌아다녀요. 그렇게 나가자고 해도 겨우 따라오는 곳이 여기 목욕탕뿐이라니까요.

—하긴 자매라고 해도 같을 수는 없지. 한 배(腹)에서 나왔다고 다 같은 건 아니니까.

—친정엄마가 연로하셔서 금요일이면 고향에 가거든요. 밭일도 하고 엄마 수발도 해 드리고 하는데, 나는 그래도 힘들 때마다 틈틈이 쉬면서 해요. 우리도 나이가 있으니 병나면 안 되잖아요. 그런데 동생은 도무지 쉬지를 않아요. 지난주에도 친정에

내려가서 밭에 풀을 뽑았거든요. 그런데 조금 있다 비가 쏟아지는 거예요. 들어가자고 했죠. 그런데도 괜찮다고 괜찮다고 나보고 먼저 들어가래요. 금방 너도 들어와라 하면서, 나는 잠깐 누웠는데 깜박 잠이 들었지 뭐예요. 어둑어둑하길래 저녁 해야지 하고 동생을 찾는데 그때까지 밭에 있는 거 있죠. 미쳤지 정말.

−할 건 해야지.

−야! 비 올 때는 쉬는 거야. 남들도 다 그래. 누가 너더러 풀 다 안 뽑으면 잡아간대. 도대체 왜 그러는데?

−하던 거 두고 오면 어떡해. 시작했으면 마무리를 해야지. 비 온다고 안 하고, 눈 온다고 안 하고, 그러면 언제 끝내냐고. 시작을 안 했으면 모를까. 시작했으면 끝을 내는 게 맞는 거 아냐.

−그래도 네 나이 생각해야지, 대충하고 살아라. 제발 좀…….

나는 2남 2녀 4남매의 맏이다. 막내는 여동생인데 9살 차이다. 그래서 흔한 말로 막내를 업어 키웠다. 어린 시절의 까마득한 기억이다. 부모님은 내가 결혼하고 얼마 후 서울 생활을 정리했다. 그리고는 고향으로 내려가셨는데, 친정어머니가 암으로 투병하고 있어서였다. 하지만 어머니는 고향에 내려간 지 1년도 채 되지 않아 결국 돌아가시고 말았다. 그때부터 막냇동생의 외로운 서울살이가 시작됐다. 언니도 있고 오빠가 둘이나 있는데도 혼자 이곳저곳을 전전했다. 수도권에 있는 우리 집에서 잠시 살기도 했지만 남편 눈치를 보는 나 때문에 마음 편하게 지내지도 못했다. 막냇동생이 우리 집을 나서던 날 밤을 떠올리면 지금도 저릿하게 마음이 아프다.

여동생은 능력 있는 걸크러쉬다. 현재 아트디렉터로서 대단한 이름을 날리고 있다. 멋지게 살아가는 모습이 부럽기까지 하다. 자존감도 높다. 결혼 후 남편과 아이들이 우선이었던 내 삶과 비교해 보면 동생의 삶은 자유롭고 당당하다. 나 자신을 위한 삶에는 소극적이었던 나, 스스로 원하는 삶을 살고자 씩씩하게 앞으로 나아갔던 막냇동생. 누가 더 잘 살아낸 것일까.

언젠가 여동생과 술 한잔하면서 나눈 대화다.

–언니, 혹시 내가 먼저 죽으면 화장해 줄래? 그리고 땅의 끝인 피스테라에 뿌려줘.

–스페인? 그렇게 멀리까지 가야 돼?

–응, 죽어서도 자유로워야지. 걱정 마. 여비는 충분히 남겨놓을게.

–혹시 내가 먼저 떠나게 되면 나는 작은 사찰 뒷산에 뿌려주라. 바람 소리, 예불 소리 들으며 마음 편하게 있을란다.

–그럼 남아 있는 사람이 소원 들어주자.

–내가 늙거나 아파서 움직이지 못할 수도 있으니 너는 큰조카인 솔이한테 부탁해야 하지 않겠니. 나는 엄마니까 당연히 해주겠지만 말이야.

–그런가…… 그럼, 솔이에게 유언장 미리 써 놓아야겠다. 내가 제일 좋아하는 샤넬로 수의를 입혀 달라고 해야지.

–샤넬?

–응, 샤넬 투피스에 샤넬 구두, 맞춤 모자까지. 그리고 딱 하루만 이모를 추억하는 와인파티를 하라고 할거야.

–상갓집에서? 와인파티를?

–왜 어때서. 혼자 살다가 멋지게 정리하고 갈래.

사우나를 나간 자매가 나란히 앉아 도란도란 아이스커피를 마시고 있다.

마조히스트masochist

–어머나, 온몸에 피멍이 들었어요.

–저요?

–왜 그래요? 무슨 일 있어요? 세상에나 목이며 팔이며 온통 시커멓게 멍이 들었네.

–괜찮아요.

–무슨 일이에요. 누구한테 맞았어요?

–아니에요.

–혹시 남편한테 맞았어요? 그럼 신고해야지. 이게 뭐야!

–마사지해서 그래요.

–마사지? 무슨 마사지를 했기에 그렇게 멍이 들어요.

–이거요.

그녀가 보여준 것은 도자기로 만든 작은 종지다. 찻잔 같기도 하다. 입술이 닿는 부분은 요철로 되어 있다. 종지형 마사지 도구다. 목욕탕에 다니면서 별의별 마사지 도구를 봤지만 이런 것은 처음 본다. 사우나 안의 여인들도 신기한 물건인 양 만져보기도 하고 직접 팔이나 다리에 문질러 보기도 한다. 몇 사람을 거쳐 내게도 건네준다. 생각보다 가볍다. 보통의 종지보다는 조금 크다. 홈은 약 1센티 정도 아래로 파여 있어 6개의 요철 모양으로 되어 있다. 허벅지와 팔뚝을 살살 문질러 보았다. 아프다. 많이 아프다.

–그렇게 약하게 해서는 안 돼요. 세게! 더 세게! 팍팍!

–아파요.

–나도 좀 줘 봐요. 이걸 그냥 문지르며 되는 거예요?

–해보세요. 피부를 긁는다 생각하면서 세게 문질러 봐요.

–아아아! 꽤 아픈데..

–처음에는 아픈데 자꾸 하다 보면 시원해요.

–아픈데 왜 해요?

–혈액순환에 좋대요.

–목욕 올 때마다 사우나 하면서 팔, 다리는 물론이고 전신을 이렇게 싹싹 문지르면 시원해져요. 저는 이거 안 하면 목욕 안 한 것 같다니까요.

–경락마사지 같은 건가?

–비슷한 건데요. 이렇게 자극을 주면 피부도 건강해지고 혈액순환에 좋다고 해서요.

–아니, 그래도 그렇지. 그렇게 온몸이 두들겨 맞은 것처럼 시

퍼렇게 멍이 드는데?

—그러게요. 다리며, 허벅지, 목뒤도 시퍼렇게 멍들었어요.

—정말 괜찮으신 거예요?

—괜찮아요. 구석구석 너무 긁어서 그래요.

—아무리 건강에 좋다고 해도 나는 아파서 못하겠는데.

여자의 몸은 심한 폭행을 당한 듯 짙푸른 멍투성이다. 스스로 한 마사지가 아니라 정말 두들겨 맞은 것은 아닌지 진심으로 물어보고 싶었다.

—작은 술잔도 좋고, 납작한 돌도 괜찮아요. 인터넷에 검색하면 이런 종류 엄청 많거든요. 사우나에 갖고 와서 다리랑 팔이며 이곳저곳 몸을 이렇게 긁어 주면 돼요. 문지르다가 아프다 싶으면 찬물에 식혀 주세요. 매일 하다 보면 몸에 있는 지방이 분해되는 느낌이 들어요. 뭐 제 느낌일지는 모르지만 어쨌든 경락효과를 보는 것 같아요.

—경락마사지는 사람이 직접 하는 거 아니에요?

—사람이 손으로 하기도 하죠. 그런데 그건 비싸기도 하고 일부러 시간 내서 가야 하니까 아무래도 번거롭죠. 이렇게 사우나 올 때마다 하면 편하잖아요. 저는 집에서도 수시로 해요. 처음엔 멍이 들기는 하는데 곧 없어져요. 괜찮아요.

—그래도 그건 좀 심해 보이는데.

–뱃살도 이렇게 문질러요.

–뱃살에도 좋아요?

–그럼요. 세게 문질러 주면 뱃살이 부드러워지면서 조금씩 빠지는 것 같아요.

–잠깐 빌려줘 봐요

–네, 여기요.

–아픈데, 아아아!!

–효과 있으려면 그렇게 살살하면 안 되고요. 살갗이 빨개지도록 힘껏 문질러야 돼요.

–정말 열심히 문지르면 뱃살 좀 빠질까. 아이고 이 뱃살 좀 누가 떼어갔으면 좋겠다.

–그러게 말이에요.

–어제 저녁에는 호수공원 한 바퀴 돌고 들어갔더니 남편이 대뜸 '벌써 왔어?' 하는거야. 그래서 내가 그랬지. '내 몸은 내가 제일 잘 아니까 걱정 말아. 한 바퀴면 적당해요.'

–그랬더니 아저씨가 뭐래요?

–그 배, 어떡할 건데!

–하하하! 호호호!

–맞기는 맞는 말이네.

–잘 먹지도 않는데 도대체 이놈의 뱃살은 왜 안 빠지는 거야!

온몸에 멍이 든 여자는 말하는 순간에도 쉬지 않고 종지로 몸을 긁어댔다. 종아리, 허벅지, 복부, 엉덩이, 팔, 목 그리고 얼굴에서 다시 아래쪽으로 내려온다. 얼마나 세게 문질러대는지 상처가 난 것처럼 벌겋다. 보기만 해도 아프다. 나는 절대 못하겠다.

사우나를 나와 샤워하고 거울 앞에서 섰다. 오십 중반을 넘어서면서부터 늘 신경 쓰이는 것은 뱃살이다. 폐경이 된 후부터는 하복부의 팽만감이 심해졌다. 먹는 음식량은 줄었는데 소화가 되지 않은 듯 항상 더부룩하고 답답하다.

아이를 낳느라 이미 탄력을 잃은 뱃살은 좀 줄었다 싶다가도 조금만 방심하면 한순간에 훅 늘고, 그 주변으로 발달한 옆구리살은 아예 도통 꿈쩍을 하지 않는다. 젊을 때 우리의 비만을 조절해 주던 여성 호르몬이 폐경이 되면서 현저히 줄다 보니 지방이 차곡차곡 쌓여 중년 뱃살이 만들어진다는데 정말 이 뱃살과의 싸움을 언제까지 계속해야 할지 모르겠다.

뱃살과 옆구리살은 초강도의 웨이트 트레이닝으로 뱃가죽의 탄력을 먼저 되찾고 코어 근육을 빳빳하게 잡아주는 일이 선행되지 않고는 없애기가 쉽지 않다고 한다. 문제는 그 초강도 운동이라는 것이, 내가 사십 대였다면 눈 딱 감고 몇 달 할 수는 있겠지만 지금은 체력적으로 거의 불가능하다.

그동안 뱃살을 줄이는 방법에 대해 수없이 자료를 찾아보고 영상을 직접 따라 해보기도 했다. 하지만 눈에 번쩍 뜨이는 것은 없었다. 그저 조금씩이나마 식생활을 개선하거나 운동을 통해 뱃살을 줄이는 방법뿐이었다. 의학의 힘을 빌리지 않고서는 천지개벽할 방법은 없다.

핑계 같지만, 아이를 낳지 않고 평생 혼자 살아온 나의 친구에게는 뱃살과 허릿살이 없다. 역시 엄마들의 뱃살에 아이들의 기여도가 높다. 출산의 후유증이다. 어쨌든 뭐, 그 시절로 돌아갈 수는 없는 일이고 그렇다고 이대로 계속 뱃살을 늘이면서 살 수도 없으니 뭔가 방법을 강구해 보기는 해야 한다.

뱃살을 멍이 들 때까지 열심히 문지르면 정말 효과가 있을까.

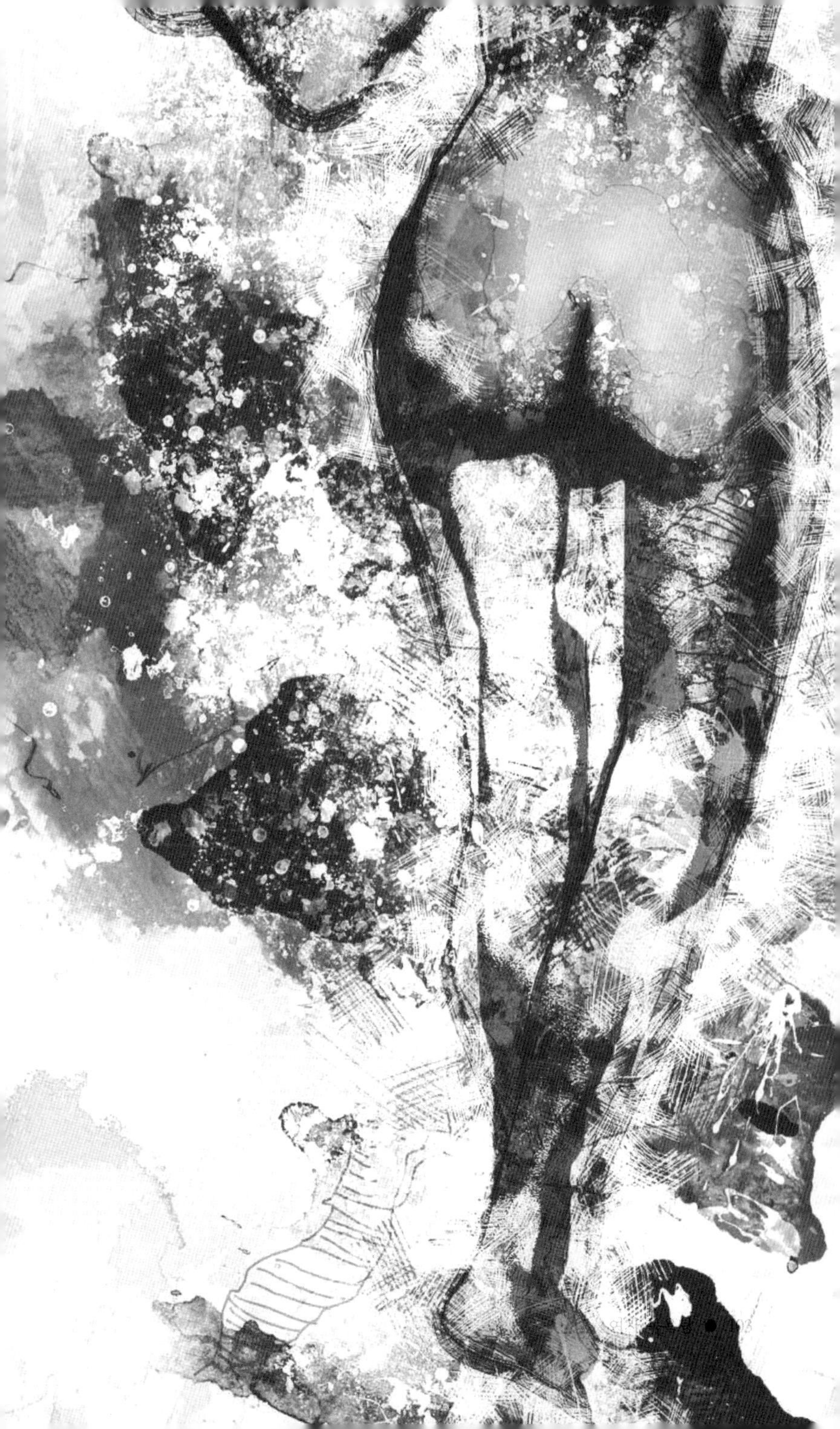

비키니의 흔적

열탕의 온도가 40℃를 넘는다. 30℃를 오르내리는 여름 한낮의 온도쯤 아무것도 아니다. 지그시 눈을 감은 채 뜨거운 물의 온도를 감내한다. 며칠 전 운동을 하다 무리를 했는지 어깨에 근육통이 생겼다. 뜨거운 물속에서 통증은 나른하게 이완된다. 욕탕을 출입하는 자동문이 수시로 열렸다 닫힌다. 열탕은 출입문에 가장 가깝다. 사람들이 드나들 때마다 잠깐씩 들어오는 바람이 제법 시원하다. 어르신 한 분이 조심스럽게 탕에 손을 넣어본다. 생각보다 뜨거운지 잠시 머뭇거린다. 참을 만하다며 들어오시라고 했더니 종아리까지만 담근 채 탕 언저리에 앉는다.

－이봐요, 저기 좀 봐요.

－어디요?

－저기, 저 아가씨.

방금 들어왔는지 젊은 여인이 샤워기 앞에 서 있다. 비키니 라인이 선명하다. 까만 피부에 하얀 조개가 그려진 듯한 가슴, 삼각형의 하얀 팬티 자국이 어르신의 눈길을 끈 모양이다. 선탠을 한 모양이라고 했더니 그게 뭐냐고 묻는다. 햇볕에 몸을 그을리면 건강에 도움이 되는데 옷을 모두 벗을 수는 없으니 가장 중요한 곳만 가려서 그 자국이 남은 거라고 했다. 그래도 어르신은 잘 이해가 안 가는 눈치다.

여름이 지나갈 무렵 목욕탕에 가면 다양한 여름의 흔적을 볼 수 있다. 어디에 가서 휴가를 보내다 왔는지, 무엇을 하고 놀았는지 금세 알 수 있다. 반소매나 민소매 그리고 반바지 실루엣이 남아 있다면 계곡에 다녀온 거다. 계곡에서는 수영복을 입지 않으니까 말이다. 등이 살짝 파인 원피스 수영복은 아이들과 함께 워터파크 같은 대형 물놀이장에 다녀온 경우다. 물론 내 경험에서 나온 추측성 견해다. 왜냐하면 그곳에서는 구명조끼도 입어야 하고, 아이들도 챙겨야 하니 비키니를 입고 멋을 내기에는 불편하다.

아슬아슬한 비키니의 흔적을 남긴 사람들은 대부분 젊은 여인이다. 호기심 어린 눈초리를 한 몸에 받으며 그녀는 뜨거운 여름의 흔적을 당당히 보여주고 있다. 태양 아래서 당당했노라고.

－나는, 한여름에도 짧은 옷을 입어 본 적이 없어요.

－어머, 왜요? 어디가 불편하신 거예요?

－어렸을 때 팔을 데었어요. 여기, 이쪽…….

오른팔에 흉터가 가득하다.

–어쩌다가 그러신 거예요?

–내가 동생이 많았어요. 어느 날, 장에 간 어머니가 안 오는 거야. 밖은 어두워지는데 동생들은 배고프다고 울지. 할 수 없이 부엌에 가서 밥을 하는데, 방에서 놀던 동생이 계속 울어…… 그래서 그, 포대기 알아요?

–알아요. 저도 큰아이 포대기로 업고 키웠어요.

–어마, 그래요? 젊어 뵈는데.

–아이고, 어르신 감사합니다. 그런데 몇 살이셨던 거예요?

–8살인가 9살인가, 기억도 잘 안 나요

–어르신이 맏이였나 봐요.

–맏이였어요. 동생이 다섯.

–힘드셨겠다.

–그때는 막내가 태어나기 전이라 젖먹이 동생이 넷째였는데 하도 울어서 애를 먹었다니까. 할 수 없이 동생을 업고 다시 부엌으로 나갔지. 무슨 국인가를 솥단지에 끓였는데 연탄불에서 부뚜막 위로 옮기다가 힘에 부쳤는지 휘청하면서 다 쏟아진 거야. 비명 소리도 안 나더라고. 말도 못 할 정도로 뜨거웠는데 소리를 못 지르겠는 거야.

–왜요?

–등 뒤에서 울던 동생이 겨우 잠들었거든…… 깰까 봐 그랬

지.

어르신은 잠시 말을 끊었다. 아이들의 목소리가 목욕탕에 하울링이 되어 파장을 일으킨다. 어깨에 걸쳤던 수건으로 땀을 훔치던 어르신은 내게 나이를 물었다.

–범띠에요. 쉰아홉이요.

–좋은 나이네.

–어르신, 좋은 나이가 무슨 뜻이에요?

–나는 다시 돌아갈 수 없는 나이 아닌가…… 그러니 좋은 나이지.

–아…….

–나는 이제 씻고 나갈 거니까, 마저 하고 가요. 먼저 가리다.

–네, 안녕히 가세요.

열탕에 들어가 어깨까지 푹 담갔다. 잠시 식었던 몸에 열기가 밀려든다. 비키니의 흔적으로 여름의 기억을 온몸에 남긴 여인은 보이지 않는다. 아마도 그 흔적은 겨울이 다가올 때쯤에는 희미해져 있을 것이다. 여름에 대한 그녀의 기억도…….

9살 때쯤인가 나도 오른팔에 화상을 입었다. 장사하러 나간 어머니의 귀가가 늦어지고 있었다. 배가 고프다는 동생들의 성화에 부엌으로 갔다. 그때 자고 있던 막냇동생이 깨어나 울기 시작했다. 동생을 등에 업고 내 몸에서 떨어지지 않도록 포대기로 단단히 둘러 묶었다. 석유 곤로에 불을 붙였다. 석유 냄새가 부엌에 진동했다. 커다란 양은 솥단지에 물을 끓였다. 설설 끓어오르는 솥에 국수 몇 줌을 넣고 휘휘 저었다. 이제 솥단지를 들어 수돗가로 옮겨야 하는데 엄두가 나지 않았다. 동생들은 누나가 해 주는 국수를 기다리며 옹기종기 고개를 내밀었다. 행주로 솥단지 끝을 잡고 힘껏 들어 올리는 순간이었다. 등에 업혔던 동생이 내려 달라고 온몸을 흔들어 댔다.

모두에게 시간은 한 방향으로 흐른다. 과거, 현재 그리고 아직 일어나지 않은 미래. 그 시간 중에 우리는 현재에 머무르며 살아간다. 살다가 문득 과거의 기억이 스치며 지나가는 순간을, 만나기도 하면서 말이다. 사는 것은 그런 것인가 보다. 기억을 새기고, 때론 지우며 이렇게 지나가는 것.

어르신도, 비키니의 흔적을 가진 그녀도 그리고 나도…….

맥주는 십전대보탕

−언제 오셨어요?

−3시간쯤 됐나. 이제 가야지. 몸이 그만하라고 하네. 개운하게 목욕했으니 집에 가서 시원한 맥주 한잔 마시고 푹 자야지.

−형님, 맥주는 살찌는데.

−몰라, 누가 뭐라 그래도 목욕하고 나서 마시는 시원한 맥주를 어찌 포기하나.

−시원한 맥주는 십전대보탕이야. 기분 상쾌하고 즐거우면 그게 최고 보약이지. 우리 나이에 무슨 다이어트야. 그냥 기분 좋게 마셔.

−요즘은 앉으나 서나, 나이 든 사람이나 젊은 사람이나 온통 다이어트해야 한다고 먹지 말라는 것뿐이니. 도대체 뭘 먹으라는 건지.

−나는 요즘 저녁을 안 먹잖아.

−정말? 왜? 살 빼려고?

−나는 밥 한 끼만 안 먹어도 어지러운데.

—살찌는데 최고의 적이 탄수화물이래. 그래서 밥 좀 안 먹어 볼까 하고.

—나는 배고프면 잠이 안 오는데 어떻게 굶어?

—하루 이틀은 힘든데, 며칠 참아 보니까 괜찮아지던데.

—나도 저녁 굶어 볼까?

—맥주가 십전대보탕이라며.

—하긴, 나는 굶고 싶어도 안돼.

—왜요?

—삼식이(하루 세 끼를 집에서 먹는 남편을 빗대 표현하는 말) 아저씨가 집에 있잖아.

—아, 아저씨 퇴직하셨구나.

—퇴직한 지는 좀 됐지. 회사 그만두고 나서는 사업한다고 몇 년 바쁘더니 요즘엔 몸이 좀 안 좋아서 쉬고 있는데 밥 세 끼 꼬박꼬박 챙겨줘야 하거든. 그러니 나도 안 먹을 수가 없어. 같이 안 먹으면 안 먹는다고 뭐라 하거든. 혼자 먹으면 입맛이 없다나.

—삼식이라는 말도 아세요?

—하루에 세 끼를 집에서 꼭 먹어야하는 남편.

—하하하.

—처자식 먹여 살리느라 고생한 건 알겠는데, 본인은 퇴직하

고 나는 이제 삼식이 뒷바라지로 취직한 거지. 아이들도 다 결혼해서 이제 좀 홀가분한가 싶었는데 아저씨 밥 챙기느라 꼼짝을 못한다니까.

−어째요…….

−남편이 아침에는 간단하게 커피만 한잔하기 때문에 점심은 잘 챙겨야 돼. 그래서 오늘 점심에 소고기뭇국을 끓였는데 한 숟갈 뜨더니 인상을 쓰는 거야. 그러더니 짜증 섞인 목소리로, 아니 어떻게 평생 같이 살아도 남편이 짜게 먹는지 싱겁게 먹는지 그거 하나도 못 맞추냐! 이러면서 막 소리를 지르는 거야.

−어머나 요즘에도 아내한테 큰소리 치는 분이 있네요.

−내 입맛에는 분명 안 짰거든. 어쩌다 소금이 조금 더 들어갔나 봐 했더니, 무슨 어쩌다냐. 조금 싱겁게 하라고 그래도 허구한 날 왜 밥을 제대로 못 먹게 하는 거냐고 버럭버럭. 휴…….

−그래서 싸우셨어요?

−뭘 싸워. 말하기 싫어서 입 다무는 거지. 나한테 그렇게 해 놓고도 밥숟가락 놓을 때까지 아무 말도 안하고 꾸역꾸역 밥은 다 먹더라고. 신경질 나서, 목욕 간다고 나와 버렸지 머. 에구, 영감탱이.

요즘 같은 풍요의 시대에 삼시 세끼를 먹는다는 것은 이제 특별한 일이 아닌가 생각한다. 직업적으로 노동 강도가 높은 직업을 제외하고는 삼시 세끼는 어울리지 않는다. 그런데 무엇을 먹게 되든, 많이 먹거나 조금 먹더라도 꼭 하루 세 끼를 먹어야 한다는 의식에 왜 사람들은 해방되지 못하는 것인지 모르겠다. 아마도 오랜 식생활 습관에서 비롯된 것은 아닐까 한다. 매일 먹고 있는 간식과 주전부리, 영양 보조제를 제외하더라도 이젠 한 끼 반이나 많게는 두 끼면 오히려 건강에 충분하지 않을까 싶다.

–저한테는요. 밤에 마시는 시원한 맥주가 나에게 주는 보상이에요.

–보상?

–아이가 어려서 주말에 남편이 아이를 봐줘야 목욕탕에 오거든요. 평소에는 외출도 못해요. 아이가 놀다가 잠들어야 저한테는 그때부터 자유 시간이에요. 아이들과 함께하는 시간이 아무리 행복하고 즐거워도 육아는 어쨌든 힘들잖아요. 저녁마다 아이가 깨지 말고 제발 푹 잤으면 하고 얼마나 바라는데요. 저도 좀 쉬어야죠. 그러니 아이 재우고 난 후에 마시는 시원한 맥주 한 잔이야말로 '소소하지만 확실한 행복'이죠. 그야말로 저만의 자유 시간이에요.

–아이 키우는 일이 어렵기는 하지. 잠 안 자는 아이는 더 힘들어.

–어젯밤에도 아이가 늦게까지 안 자는 거예요. 눈에 졸음이

가득해서 금방 잠이 들 것 같은데도 인형하고 대화하고 노래 부르고 춤까지 춰요. 그러다 꾸벅꾸벅 곧 잠이 들 것처럼 하다가도 벌떡 일어나 뜀박질을 시작하더니 낮에 읽었던 책 이야기를 해달라는 거예요. 빨리 나도 좀 쉬고 싶은데 내색하지 않으려고 해도 나도 모르게 한숨이 나온다니까요.

–우리 아이도 밤과 낮이 바뀌어서 엄청 고생했어요. 잠을 자야 말이죠. 낮에는 세상모르게 자고 밤에는 말똥말똥 놀자고 하고. 남편은 다음 날 출근해야 하니까 나 혼자 데리고 밤새 노는 거예요. 그리고 아침에는 식탁에서 꾸벅꾸벅 졸고. 그러니 사람 꼴이 아니죠 뭐.

–맞아요. 저도 졸다 깨다 겨우 아이 재우고 났더니 남편은 건넛방에서 편히 자고 있더라고요. 그럴 때마다 좀 억울하기는 한데 어쩌겠어요. 냉장고에 있는 시원한 맥주로 마음 달랠 수밖에요.

–그러니까 맥주가 십전대보탕이지. 아기 엄마도 몸과 마음이 건강해야 아기를 키우지. 스트레스 쌓이면 못 견딘다니까.

–맞네요. 맥주는 십전대보탕~.

–오늘은 우리 모두 저녁에 십전대보탕 마시고 푹 자 버립시다.

고디바Godiva와 피핑 탐Peeping Tom

거품이 칠해지는 동안 내 몸을 찬찬히 살핀다. 부지런히 풀어주기를 포기한 승모근은 더 부지런히 올라오고 있다. 가슴은 오만했던 로마인의 슬픈 토르소를 보는 것 같다. 단단했던 코어는 흐물흐물해졌고 두툼한 허벅지는 튼실하다. 게으른 내 몸에서 저 홀로 부지런한 것은 케라틴 단백질뿐인지 발톱이 어느새 많이 자랐다. 거품을 씻어내고 열탕으로 향한다.

욕탕에서 비스듬히 앉아 사람들을 구경한다. 뜨끈한 물에 몸을 담근 채, 탕 밖에서 열심히 씻는 여자들을 보고 있으면 괜히 마음이 편안해진다. 신앙심 깊은 티베트인들이 절에서 기도와 불경 외우기에 열중하는 모습을 볼 때와 같은 거룩함을 안겨 준다고 할까.

피부가 있는 대로 늘어진 할머니가 얼굴이 발그레지도록 때를 밀고 있는 걸 보거나, 두툼하고 거친 손과 발을 가진 아주머니가 머리에 온통 하얀 샴푸 거품을 얹은 채 부지런히 머리를 감는 모습을 보면 그렇다. 더 이상 때가 나오지 않는데도 노랑, 연두,

파랑 등등 알록달록한 때밀이 타월로 온몸을 누비는 손길을 볼 때 그렇고, 눈으로는 냉탕에서 첨벙대며 놀고 있는 아이를 보면서 손으로는 부지런히 뱃살과 허벅지 때를 벗기고 있는 여인들을 볼 때 그렇다. 하지만 피부가 곱고 몸매가 예쁜 여인을 볼 때는 부러움과 탄식이 절로 나온다.

–몸매가 정말 예쁘시네요. 결혼하셨어요?

–네?

–몸매가 너무 예뻐서 혹시 결혼했나 하고…….

–왜 물어보시는데요?

–아니, 몸매가 예뻐서…….

–그래서요? 그게 왜 궁금한데요? 목욕탕이라고 남의 몸을 훔쳐 봐도 되는 거예요?

–아니 그게 아니고…….

–왜 궁금한데요?

–미안합니다.

–뭐가 미안한데요?

–…….

–정말 기분 나빠 죽겠네. 조심하세요!

탕으로 들어오는 그 여인의 모습이 너무 완벽해 보였다. 한눈에 봐도 근사한 모델 같았다. 큰 키와 작은 얼굴, 흠잡을 곳 없는 비율은 바비인형을 연상시켰다. 그런데 가만히 바라보니 나이가 좀 들어 보였다. 그래서 더 호기심이 발동한 것이다. 몇 살일까? 결혼했을까? 혹시 아이 엄마라면 저 몸매를 어떻게 유지하는 걸까? 너무 궁금했다. 최대한 부드러운 말투로 조심스럽게 물어본다고 했는데도 단번에 면박을 당한 것이다.

훔쳐보기는 모든 인간의 본성 중 하나인 호기심에서 기인한다. 그 호기심은 이성에게만 국한되지 않는다. 어떤 장소 어떤 상황에서라도 사람들의 레이더는 풀가동 된다. 목욕탕에서도 예외는 아니다. 전쟁 중에 주변의 지형지물을 파악해야 하는 것처럼 다른 사람의 몸매와 얼굴, 행동은 특별히 주시하려고 하지 않아도 자동으로 스캔 된다.

호기심의 원조, 피핑 탐(Peeping Tom)을 아는가.

벨기에산 프리미엄 초콜릿 고디바(Godiva)의 로고는 벌거벗은 여인이 말에 올라탄 모습이다. 브랜드 이름인 고디바는 11세기경 영국 코번트리 지방을 다스리던 레오프릭 영주의 부인 고디바 부인(Lady Godiva)에서 유래되었다. 영어 발음으로는 고다이바. 고다이바 부인은 실존 인물이다.

영국 코번트리 지역의 영주 레오프릭의 아내였던 고다이바 부인은 영주인 남편이 지나치게 높은 세금을 부과해 백성들이 고통받자 세금을 감면해 달라고 애원했다. 그러자 영주는 알몸으로 말을 타고 마을을 돌아다니면 요청을 들어주겠다고 말한다. 물론 부인이 절대 하지 못할 것이라고 생각한 것이다. 하지만 고다이바 부인은 실오라기 하나 걸치지 않은 채 말을 타고 거리를 돌기로 결심한다.

이 소식을 들은 마을 사람들은 자신들을 위해 수치심과 모멸감을 무릅쓰고 실행에 나선 고다이바 부인의 고귀한 마음에 감동해 그녀가 거리를 돌 때 누구도 그녀의 알몸을 보지 않기로 한다. 집집마다 창문을 닫고 커튼을 내려 밖을 보지 않기로 한 것이다. 약속한 날 부인은 나체로 말 위에 올라타 동네로 들어갔지만 거리에는 한 사람도 보이지 않았다. 모든 집과 가게의 문 그리고 창문은 닫혀 있었다. 영주는 부인의 파격적인 알몸 시위로 백성들의 세금을 줄여야 했고 마을 사람들은 저마다 고다이바를 칭송했다고 한다.

그런데 마을 사람 가운데 재단사인 톰(Tom)은 약속을 어기고 문틈으로 고다이바를 몰래 훔쳐봤다. 톰은 그 후로 천벌을 받아 눈이 멀어 평생 장님으로 살아야 했다. 마을 사람에게 매를 맞아 장님이 됐다고도 한다.

관음증과 엿보기를 일컫는 관용어 '훔쳐보는 톰', '피핑 톰(Peeping Tom)'의 유래다.

욕탕에 앉아 샤워기 쪽을 바라본다. 줄지어 선 여인들의 다양한 포즈에 고대 유적지의 나신(裸身) 상이 떠오른다. 여자 목욕탕에서의 훔쳐보기는 부러움과 호기심에서 시작된다. 성적 호기심과는 분명 다르다. 내 몸에 대한 절망과 비교할 수 없는 좌절을 감내해야 하기 때문이다. 가끔 이러한 호기심은 예측하지 못한 낭패를 불러오기도 하지만 어린 손녀와 함께 도란도란 목욕을 하거나 중년의 딸과 노모가 서로 등을 밀어주는 모습에서는 좀처럼 눈을 뗄 수가 없다.

갑자기 폭포 소리가 들린다. 돌아보니 아주머니 한 분이 넓은 등에 폭포수를 맞고 있다.

–뭘 봐요?

등 밀어 드릴까요

–등 밀어 드릴까요.

–아, 아니요. 괜찮아요.

–밀어 드릴게요.

극구 사양했는데도 여인은 때밀이 타월을 들고 내 등 뒤에 앉는다. 얼마 만에 들어보는 말인가. 20여 년 전만 해도 목욕탕에 가면 서로 등을 밀어 주는 일이 흔했다. 대략 나이는 40대 초반. 밝게 미소 짓는 말간 얼굴이 예쁘다. 사실 나이는 정확히 가늠할 수 없다. 맨 얼굴의 여인들은 특히 더 그렇다. 그래도 굳이 구분하라고 한다면, 눈썹이나 아이라인 문신이 짙으면 대개 50대 이상이다. 정체성 구분이 모호한 중년 아주머니들의 표식이라고 할까.

–혹시 등 미셨어요?

–아니요. 같이 미실래요?

–네, 그럴까요.

예전에 대중목욕탕에 가면 낯선 사람들끼리 흔히 나누었던 대화다. 그때는 낯선 사람들끼리도 서로의 등을 밀어 주었다. 같은 하늘 아래, 같은 땅을 밟고 함께 살아가고 있다는 일종의 동질성 혹은 연대의식을 그렇게나마 느낄 수 있었던 것이 아닌가 하는 생각도 든다. 그러다가 언제부터인지 등 밀어 주기가 슬그머니 사라졌다.

－이제는 제가 밀어 드릴게요.

－아, 아닙니다. 저는 이미 밀었습니다.

먼저 말을 건넨 사람의 등을 밀어 주었으니 이번에는 반대로 상대방을 밀어 줄 차례이지만 이 사람은 이미 또 다른 사람에게 등을 밀었던 것이다. 사실 이런 상황일 때는 살짝 미안한 마음이 들기도 한다.

등 밀어 주기가 만약 단순히 주고받는 일종의 거래였다면, 자신의 등을 이미 민 사람은 다른 사람의 제의를 수락할 이유가 없다. 하지만 목욕탕에 혼자 온 사람은 스스로 등을 밀 수 없을 것이라는 공통의 인식이 있었기 때문에 서로 도와서 등을 밀어 주는 것은 그 시절에 당연한 일이었다. 비록 다른 사람에게 등을 밀었다 해도 또 다른 사람의 제의를 흔쾌히 받아들여서 그냥 그 사람의 등을 밀어 주는 아량을 모두가 기본적으로 지니고 살았던 이유다.

요즘은 등을 밀어 달라는 부탁도, 밀어 주겠다는 사람도 없다.

비용을 지불하고 목욕 세신사에게 등을 밀어도 되니 굳이 낯선 사람에게 부탁할 필요도 없고, 혼자서도 등을 밀 수 있는 다양한 아이디어 상품을 쉽게 구입할 수 있기 때문이다.

등을 밀어 주던 여인의 손길을 멈추었다. 따뜻한 물까지 등에 부어 주니 개운하다.

－다 됐어요.

－이리로 와요. 밀어 줄게요.

－아니에요. 저는 동생하고 밀었어요. 혼자 오신 것 같아서요.

－어머나, 고마워요

－별말씀을요.

－그나저나 등 밀어 준다는 말을 정말 오랜만에 들은 것 같아요.

－아, 그렇죠.

－요즘에는 서로 아는 척 안 하잖아요. 때를 밀든 말든.

－저는 혼자서 등을 밀면 아무래도 개운하지 않더라고요. 그래서 물어본 거예요. 혼자 오신 것 같아서요.

－정말 고마워요.

－별말씀을요.

언젠가 목욕탕에서 머리는 백발이고, 바싹 여윈 작은 몸에 주름과 검버섯이 가득한 할머니의 등을 밀어 드린 적이 있다. 할머니 혼자 효자손에 때밀이 타월을 묶어 등을 밀고 있었는데 힘에 부치는지 간간이 멈추었다 밀기를 반복했다. 잠깐 지켜보았는데 잘되지 않아 보였다.

–할머니, 등 밀어 드릴까요?

–아니요. 괜찮소. 이걸로 비비면 됩니다.

–팔이 안 닿아서 잘 안되시는 것 같아서요. 제가 좀 밀어 드릴게요.

–아이쿠! 말만 들어도 고맙소.

–살살 밀어 드릴게요.

낡은 노란색 때밀이 타월을 부끄럽게 내미는 할머니의 손을 보며 돌아가신 어머니 생각이 났다.

할머니의 등은 아주 작고 초라했다. 긴 세월을 어떻게 이겨 내고 살아왔는지 말하지 않아도 느껴졌다. 할머니의 작은 등을 구석구석 샅샅이 닦아 드렸다. 등을 다 밀고 난 후에는 비누칠을 하고 샤워기로 깨끗이 씻어 냈다.

–시원하세요?

–그럼요. 고맙소. 그란데 나는 기운이 없어서 못 밀어 주는데 어쩌지.

–저는 괜찮아요. 등 밀었어요.

–바쁠 텐데 얼른 가요.

－저 하나도 안 바빠요.

－고맙소, 어여 어여 가서 일 봐요.

－네, 할머니도 마저 마무리하고 가세요.

옆에 앉았다는 이유만으로 서로의 등을 밀어 주었던 그 시절이 그리워진다.

밥 타령

–오늘 저녁에는 또 뭐해 먹지?

–매일 반찬 걱정 지긋지긋하다.

–아니 형님, 그 나이에도 밥 타령이면 어째요.

–그놈의 밥 때문에 내가 꼼짝을 못한다니까.

–정말이요?

–언젠가 동창들하고 여행 간다고 했더니, '그럼 밥은 누가 해!' 그러더라니까. 나 원 참.

–어머, 아저씨가 세상 변한 줄 모르시네.

–볼일 있어 나갔다가도 꼭 집에 와서 식사를 한다니까. 정말 이제는 밥 좀 안하고 살았으면 좋겠다.

–아저씨, 밥하는 것 가르쳐요.

–물도 안 갖다 먹어. 남편 시집살이가 도무지 끝나질 않네.

–정말 남편 시집살이 오래 하시네.

–평생 처자식 먹여 살리느라 힘들었으니 아무것도 안 하겠다는 거야. 아니, 그럼 평생 식구들 밥 해 주던 나도 쉬어야 하

는 거 아니냐고.

–한바탕 싸우지 그랬어요.

–나도 이제 밥하기 싫다고 싸워 봤지. 그런데 안돼. 남편이 대화 거부.

–형님은 마음이 약해서 그래요. 나 같으면 밥 안 줘. 먹든지 말든지. 본인이 배고프면 라면이라도 끓여 먹겠지.

–그러게 말이야. 맨날 이렇게 밥때만 되면 뭐해 먹을까 전전긍긍이라니까. 더군다나 똑같은 반찬은 먹지도 않아요.

–형님이 남편 훈련을 잘못 시켰는데요. 아니면 너무 사랑하는 것 아닌가. 끼니 때마다 몸에 좋은 맛난 음식 해주고 싶어서.

–쓸데없는 소리 말아. 남편이 하도 밥, 밥하니 어쩔 수 없다니까. 어느 날은 이거 먹고 싶다, 저거 해 달라 맨날 잔소리를 해대니 해 줘야지 어떻게 해. 본인 말대로 평생 처자식 먹여 살리느라 고생했다는데. 밥 그까짓 것 해 주지 머.

–사랑은 사랑이네.

–정말이지, 밥 좀 그만하고 싶다.

어렸을 적, 우리 4남매가 이른 저녁을 먹고 잠이 들 무렵이면 어머니는 아버지를 위해 가끔 밥을 지으셨다. 난로 위에서 끓이는 냄비밥이다. 적당히 그을린 스테인리스 냄비에서 맛있는 밥 냄새가 나면 잠결인데도 배속에서 쪼르륵 소리가 난다. 드디어 늦게 돌아오신 아버지가 상을 받으시면 자다 깬 우리 남매들은 상 주위로 몰려든다. 하얀 쌀밥과 우리가 먹은 것보다 더 많은 돼지고기가 들어 있는 김치찌개, 구운 꽁치, 혹은 자반고등어 한 토막이 있거나 새우젓국을 넣은 계란찜도 있다. 몰려오는 잠을 쫓으며 끈기 있게 기다리다 아버지가 상을 물리면 태풍이 지나간 것처럼 우리는 밥상을 쓸었다. 어머니의 밥은 언제나 정말 맛있었다.

서울에서 공부하고 있는 큰아이가 가끔 집에 오는 날에는 출발하기 전에 전화부터 한다. '저녁 안 먹고 가요. 등갈비 잔뜩 넣은 김치찜 먹고 싶어요.' 문자를 보낼 때도 있다. '엄마, 오늘은 간장으로 양념한 찜닭 해주세요. 감자랑 당면 많이 넣고요.' 그때부터 마음이 바빠진다. 부랴부랴 퇴근길에 장을 보고 부지런히 아이가 먹고 싶다는 음식을 준비한다. 어떤 때는 옷도 미처 갈아입지 못하고 앞치마부터 먼저 두른다. 아이가 도착하는 시간에 맞추려면 시간이 별로 없기 때문이다. 때로는 엄마도 일하는 사람인데 꼭 밥을 해야 되겠냐며 잔소리를 하고 싶은데도 아이의 말 한마디에 입을 꾹 다물고 만다. 엄마 밥은 정말 맛있다니까.

가까이 알고 지내는 지인 한 분은, 십 년 전쯤 아이들이 성인되고 나서부터 '이제 밥하는 일이 너무 지겹다'고 말하는 아내를 위해 두 가지를 실천했다고 한다. 첫 번째는 주말은 제외하고 모든 식구가 즉석밥을 전자레인지에 데워 먹기로 한 것이다. 반찬은 동네 아파트 지하상가 반찬가게에서 구입한다. 두 번째로는 일반 아파트에서, 식당가가 지하에 붙어 있는 대로변의 주상복합 아파트로 이사를 했다. 특별한 저녁 약속이 없는 날에는 퇴근 후 운동복과 슬리퍼 차림으로 지하 식당가로 내려가 한식, 중식, 일식 그리고 분식까지 그날의 테이스트와 스타일대로 저녁을 사 먹기 시작한 것이다. 그래도 주말에 가끔 아이들이 오면 밥을 해 먹을 때도 있지만 그날의 입맛대로 배달시켜 먹기도 한다. 최대한 먹는 것에서 자유롭게 생활하자는 모토다.

–이제 슬슬 집에 가야지.

–밥 해 주러요?

–그래, 밥 해 주러.

–우리 애들도 나만 보면 밥, 밥 그래요. 내 얼굴에 밥이라고 쓰였나.

–뭘 해 먹어야 할까. 형님은 뭐해 드실려고?

–나는 모레 저녁에 시아버님 기제사가 있어서 오늘 김치 담가야 돼.

–그렇구나. 며느리는 언제 온대요?

–무슨 며느리 기다리나. 애들 왔다 갔다 하기도 힘든데, 내가

빨리 해 치워야지.

–요즘 기제사 안 지내는 집도 많다던데요.

–제사음식 준비하는 건 금방 해. 괜찮아. 고모님이랑 시어른들 오시면 내일 저녁부터 모레까지 끼니마다 밥하는 게 더 문제지. 그게 더 힘들어. 국도 끓여야 하고 반찬도 계속 만들어야 하고…… 생각만 해도 머리가 지끈지끈하다.

–배달 음식은 안 되잖아요.

–당연히 안되지. 배달 음식 시키자고 하면 우리 남편 난리 날걸. 어른들 오셨는데 무슨 배달이냐고

–고생하시겠다.

–밥 좀 그만하고 싶다. 진심으로.

여자들은 여전히 남편과 남편 집안의 죽은 가족들 밥상까지 차리고 있다.

부부의 세계

오늘의 사우나 핫이슈는 폭발적인 시청률의 「부부의 세계」다. 피 한 방울 섞이지 않은 두 사람이 가족이란 울타리를 만들어 서로의 인생을 섞어 공유하는 이름 '부부'. 우리는 부부의 연을 맺으며 약속한다. 너만을 사랑하겠노라고. 그러나 약속은 버려지고, 사랑은 배신당한다. 배신으로 시작되는 증오 그리고 이어지는 서로를 향한 복수. 이 드라마는 죽을힘을 다해 서로의 목을 조르는 치열한 사랑에 관한 이야기다.

-다들 「부부의 세계」 봤죠? 도대체 다른 사람을 또 사랑할 수 있는 사람이 왜 결혼을 한 거지? 평생 혼자 살면서 여러 사람 만나면 되잖아. 바람을 피웠는데 아내한테 용서를 구하지도 않고 당당한 게 너무 어이가 없다. 백 번 이해해서 외도가 본능이라고 해도 아내한테 예의는 지켰어야 되는 거 아닌가.

-능력 있는 아내가 전부 다 뒷받침해 주고 도와줬는데 어떻게 바람을 피울 수 있죠?

-어쨌든 세상은 아직도 남자들에게 더 관대한 게 문제라니까.

–간통죄가 폐지된 뒤에는 현장을 완전히 잡기 전에는 불륜 사실을 증명할 길도 없잖아요. 증거 찾겠다고 다니면서 이래저래 고통받을 바에야 바람 피운 남편 그냥 쿨하게 보내주는 게 낫지 않을까요. 나 같으면 상간녀 만나서 "옜다 너 가져라" 할 것 같은데.

–바람피운 남자는 100% 또 바람피운다니까. 한 번이 어렵지.

–도대체 남자들은 왜 그렇게 쉽게 유혹에 빠지는 걸까요.

–남자들 외도를 적극적으로 말리지 않는 사회적 분위기 때문이 아닐까?

–자기는 절대 안 걸릴 거라고 생각하는 거겠지.

–그런데 웃기는 건, 매일 보는 아내가 여자가 아니라 가족 같다는 거지.

–그래서 그런 말도 있잖아요. 바람피우기 제일 좋은 상대는 예쁜 여자도, 돈 많은 여자도 아니고 그저 낯선 여자라고.

–맞아요. 남자한테 제일 매력적인 여자는 오늘 처음 본 여자래요.

–그러니까 바람은 그냥 남자들 본능인가.

–하여튼 여자랑 남자는 확실히 뇌 구조가 다르다니까요.

–드라마에서 제일 웃기는 대사가 뭔지 아세요. 바람피운 남자주인공이 하는 말인데요.

"사랑에 빠진 게 죄는 아니잖아!"

"세상에는 두 종류의 남자가 있지. 바람피우는 남자와 그걸 들키는 남자"

"그건 본능이지."

-무슨 말도 안 되는……. 정말이지 개소리의 향연 아닌가요.

오래전에 몸이 아파서 잠깐 쉬는 동안 가사도우미 아주머니와 인연을 맺은 적이 있다. 아이들에게 아직 손이 많이 가던 시절이었다. 직장일과 살림을 병행하기 버거웠다. 시어머님과 친정어머니가 일찍 돌아가셔서 도와줄 사람도 없었다. 멀리 출퇴근하는 남편에게 도움을 기대하기도 힘들었다. 결국 극심한 과로와 우울증으로 입원한 후에야 구원이 손길이 필요하다는 걸 인정했다.

아주머니와 인연은 둘째가 유치원에 갈 때까지 유지되었다. 사실 아주머니가 오시기 전에 소개받은 분들도 몇 분 있었다. 정기적이기는 하지만 내 경제 사정상 자주 오시라고 하기에는 어려웠는데 막상 그분들은 최소한 몇 주 또는 몇 회 이상은 되어야 한다는 조건을 제시했다. 하지만 아주머니는 내 상황을 듣더니 흔쾌히 수락해 주셨다. 나도 집안일을 잘한다고 생각했는데 아주머니는 손이 정말 빨라서 반나절만 지나면 어느새 집에

윤기가 났다.

몇 달이 지날 즈음, 아주머니의 남편에 관한 이야기를 들었다. 어린아이 둘을 키우느라 정신없던 아주머니를 두고, 아이가 있는 다른 여자와 바람이 났다고 했다. 아주머니와 본인의 친자식들은 버려두고 평생을 '다른 여자와 그 여자의 아이'를 돌본 것이다. 아이 둘을 데리고 이유도 없이 버림을 받았던 아주머니는 서른 중반의 나이였다. 그때부터 안 해본 일이 없었단다.

–그리고 몇 년 지났을까, 남편이 죽었다고 연락이 온 거야.

–어머나.

–보험금이 나왔는데 꽤 큰 액수더라고. 그래서 그 돈으로 빌라 전세를 얻었는데 햇빛이 잘 드는 집이었지. 이사하는 날 갑자기 왈칵 눈물이 나대.

–다행이네요. 그 정도 돈이면 전세 얻고도 제법 남으셨겠어요?

–아니, 전세 얻고 끝이야. 반은 그 여자 줬거든.

–누구요? 남편이랑 살았던 여자요?

–어.

–아니, 왜요?

–그 여자도 살아야지. 애도 있는데…….

아주머니는 과거 따위는 별일 아니라는 듯 옷을 툭툭 털더니 주방으로 다시 들어갔다.

가끔 세상은 영화보다 더 영화 같다. 재벌가 사모님이 남편과 자식들에 의해 지하실에 감금되고 학대당하다가 극단적인 선택을 했다는 기사를 본 적이 있다. 하루에 먹을 거라곤 작은 고구마 두 개가 전부였다고 한다. 영화보다 현실이 더 잔혹하기도 하지만 때로는 영화보다 더 터무니없이 선량한 사람도 현실에 있다.

극 중에서 남편의 바람 사실을 알게 된 여주인공이 이혼을 고민하자 동료는 말한다.

–너, 잘 생각해 봐. 자기 입으로 이혼했다고 밝히는 사람 봤어. 다들 쉬쉬하고 살아. 너만 하더라도 남편의 비서가 이혼했다고 하니까 이상한 시선으로 봤잖아. 그러니까 결국 이혼하면 여자만 손해야.

이 말을 들은 여주인공은 마치 허를 찔린 것처럼 움찔한다.

그러면 어쩌라는 건지…….

살림 하는 남자

–요즘 요리 학원에 다니거든요.

–자격증 따려고?

–아니요. 음식 하는 것 좀 배우려고요. 그런데 오늘 학원에 웬 중년 아저씨들이 수업에 들어왔어요.

–나이 든 아저씨들이 왜 왔대?

–한 분은 사별하고 혼자 살아갈 준비한다고 오셨대요. 퇴직을 앞둔 분은 그동안 고생한 아내 대신 이제부터 살림을 좀 해볼까 해서 요리를 배운다네요.

–어머나, 그런 사람도 있네.

–언니네 아저씨도 잘하시잖아요.

–잘하기는 하지. 평생 내가 어떤 소리를 해도 어깃장 한 번 놓은 적 없으니까.

–대단하시다.

–내가 목욕탕에 오는 걸 좋아하니까, 여기 온다고 하면 이렇게 보온병에 커피도 꼭 담아줘.

–결혼 잘하셨네. 얼마나 같이 사신 거예요.

–45년 됐나, 잘 모르겠네

–아유, 그런데도 그렇게 잘해 주시네. 복도 많으시다

–부럽네요. 그 연세에도.

–젊을 때도 내가 살림이 서툴러서 잘 못했는데, 영감님이 많이 도와줬어. 남자가 무슨 살림이냐고 했더니, 왜 못하냐고 다 할 수 있다고 그러더라고.

아내 대신 살림을 해 준다는 아주머니의 남편 이야기로 사우나가 들썩인다.

살림하는 남자.

최근에는 남자들이 살림을 하고 집안일을 능숙하게 해내는 것이 꽤 신선한 콘텐츠로 주목받고 있다. 그래서인지 잡지나 방송에도 자주 등장한다. 남자는 밖에서 일을 하고 여자는 집에서 아기를 낳고 가사를 돌본다는 명제는 아주 오래되었다. 하지만 이제 이 명제는 무너지기 직전이다.

살림이란 가사 일을 뜻한다. 빨래, 설거지, 청소, 육아 등 집안에서 해야 하는 일이다. 살림하는 남자는 이러한 집안일을 하는 남자다. 최근 맞벌이 부부의 증가로 살림하는 남자들이 늘고 있다. 같이 출근하는 마당에 예전과 같이 여자가 집안일을 전부 도

맡아 할 수는 없는 상황이다. 결국 함께 가사를 분담해야 한다. 분명한 것은 최근 가정 내에서의 성의 역할이 변화되고 있다는 점이다. 남자가 요리를 하고 육아를 하는 것이 자연스러워지고 있으니 말이다. 그것도 자발적으로.

–아내의 가사 노동은 도우미로 대체될 수 있는 지극히 사소한 단순노동입니다.

어느 이혼 전문 변호사의 입에서 서슴없이 나온 발언이다. 그는 과연 자신의 어머니에게도 '어머니, 당신이 평생 해온 일이 너무나 하찮은 단순노동이라서 가사도우미가 대신해 주었어도 되는 일이었네요.' 라고 말할 수 있을까. 가사도우미가 아내 역할도 해주고 엄마 노릇도 해주는지 묻고 싶다. 그렇다면 그들에게 대체 얼마의 월급과 보너스를 지급해야 하는 걸까.

어느 블로그에서 읽은 글이다.

우리나라도 그렇지만 미국도 세금 신고를 할 때 인터넷으로 간단히 보고할 수 있다. 이때 많은 한국 사람들이 혼동하는 항목이 있는데, 그것은 바로 배우자를 어떻게 분류하느냐 하는 것이다. 많은 한국인 남편들을 Spouse(배우자)를 Dependent(부양가족 즉 피부양자) 항목에 기입해야 하지 않느냐는 문의가 많다고 한다. 아내가 전업주부라면 수입이 없으므로 당연히 남편의 Dependent일 것이라고 생각하는 것이다. 그러나 미국 연방

세법에서는 '배우자는 부양가족이 아니다'라고 분명히 명시되어 있다.

미국 국세청인 IRS에서 발행하는 안내 책자 501호의 11페이지 내용이다.

'Your spouse is never considered your dependent. But you can file as married filing jointly even if one of you has little or no income.'

여기서 중요한 대목은 'even if one of you has little or no income'이다. 부부 중 한쪽만 돈을 번다고 해도 수입이 없는 배우자를 dependent로 분류하지 않는다는 뜻이다.

'처자식을 먹여 살린다'라는 표현에 익숙한 우리나라 사람들에게 이 같은 발상은 신선한 충격이기까지 하다. 돈을 벌고 경제를 책임지는 사람이 당연히 집안의 가장이어야 한다는 인식의 이면에는, 돈을 벌지 않는 사람은 가장에게 보호받아야 하는 약한 존재라는 개념이 숨어 있다.

국어사전에서 '부양(扶養) 하다'의 의미는 '생활 능력이 없는 사람의 생활을 돌보다'이다. 살림하며 아이를 키우는 아내가 정말로 생활 능력이 없어서 남편에게 얹혀살고 있는가. 하나의 가정을 유지하기 위해 필요한 것이 오직 돈 버는 일뿐인가 말이다.

가정이라는 공동체는 정지된 개념이 아니다. 강도 높은 노동이

투입되어야만 유지되는, 고도로 역동적인 삶의 현장이며 치열한 일터다. 여기서 중요한 것은, 부부가 각자의 맡은 임무를 수행하고 있다는 점이다. 돈을 벌어 오는 일이 아니라고 해서 덜 중요한 일이 아니며, 돈을 벌어 온다고 해서 더 대단한 일이 아니다. 어느 것이 더 중요한 지를 따지는 것은 무의미한 겨룸이다. 양쪽 다 없어서는 안 될 역할이기 때문이다. 그러므로 부부의 관계는 한쪽이 다른 쪽을 일방적으로 먹여 살리는 관계가 아니라 상호 보완적이며 상생하는 관계라고 해야 정확하다. 하는 일의 종류와 장소가 다를 뿐.

배우자(配偶者)의 한자 뜻을 보면 짝 배(配), 짝 우(偶)다. 즉 배우자란 서로에게 짝이 되는 사람이라는 뜻이다.

요즘 살림하는 남자들이 많아지고 있어 다행이다.

따개비 할머니

—어, 따개비다.

따개비? 사람들이 돌아본다. 연세가 지긋하신 어르신 한 분이 온몸에 실리콘 부항을 붙이고 온탕 언저리에 앉아 쉬고 있다. 지나가던 아이가 몸에 붙어 있는 부항이 따개비 같다고 생각한 모양이다. 표현이 재미있었는지, 어르신이 아이를 부른다. 아이는 엄마에게 허락을 구하는 눈빛을 보내더니 쏜살같이 달려와 어르신 곁에 앉는다.

사실 부항은 여자 목욕탕에서는 흔히 보는 풍경이다. 중년이 넘은 듯한 여인들은 부항 몇 개씩은 대부분 붙이고 목욕을 한다. 이미 이전의 부항 자국으로 피멍투성이인데도 붙이고 또 붙인다. 여기도 뭉치고 저기도 뭉치고. 뭉치고 뭉친 것이 많아서 자꾸 풀어줘야 한단다. 등에 부항을 십여 개씩 붙이고 있는 여자의 뒷모습은 흡사 수퍼마리오에 나오는 쿠퍼왕 같다.

나도 부항이 있다. 집에서 사용하는 플라스틱 부항도 있고 목욕탕에 갖고 다니는 실리콘 부항도 있다. 독서나 글쓰기 작업으로 어깨 통증이 심할 때 목욕탕에 가져가는데, 아픈 부위에 붙이고 사우나를 하면 제법 통증이 완화된다. 어떤 이들은 사우나에 앉아서 군데군데 파스 붙이듯이 복부, 허리, 어깨, 팔 등 여러 곳에 부항을 붙였다 떼었다 한다. 압축이라 살갗에 대고 살짝 눌러주면 쉽게 붙는다.

부항의 종류는 다양하다. 플라스틱 부항이 일반적이지만 대나무를 이용한 부항, 유리를 이용한 부항, 철을 이용한 부항 등 여러 종류다. 부항의 압력을 만드는 방법도 일반적인 펌핑법, 불을 이용한 화관법(일명 불부항), 끓는 물을 활용한 수관법, 한약재를 끓인 물에 부항을 넣고 달군 후 붙이는 자약관법(煮藥罐法)이라는 방법도 있다. 사우나에서 사용하는 실리콘 부항은 압력을 이용한 압착 방법이다. 부항을 강한 압력으로 너무 오래하게 되면 몸에 수포가 생기거나 화상을 입기도 한다. 나도 피부가 예민해 부항을 오래하지는 않는다.

–할머니 만져봐도 돼요?

–만져볼래?

–네.

–이게 뭐예요?

–부항이야.

–부항이 뭐예요?

–몸이 아파서 붙인 거야?

–그럼 파스에요?

–파스는 아닌데 파스 같은 거야.

–왜 붙였어요?

–응, 일을 많이 해서 그래……. 아기도 7명이나 낳고, 밥도 매일 하고, 청소도 빨래도 많이 했더니 온몸이 아파요.

–그걸 다 할머니가 했어요?

–그럼. 감자밭도 고구마밭도 이 할머니가 다 했어. 그래서 이렇게 아픈 거야.

–내가 호~ 해 줄까요.

여인들이 통증을 호소하는 경우는 대부분 어깨나 허리다. 최근에는 가정에서 쓰는 제품들이 많이 좋아졌다고는 하지만 여전히 집안 살림은 대부분 허리를 굽혀 앉거나 서서 해야 하는 몸을 쓰는 일이다. 아이를 양육하는 일도 마찬가지다. 그러니 농사일까지 해내야 했던 어르신들의 몸은 얼마나 고되었을까.

친구의 시어머님은 연세가 86세인데 허리가 ㄱ자로 굽어 있다. 물론 일을 많이 해서다. 8남매를 키우면서 쌀농사에 고추, 마늘농사까지 하셨다. 그에 비해 동갑인 시아버님은 연세보다 훨씬 건강해 보인다. 허리도 굽지 않았다. 시댁이나 친정이 없는 나는 가끔 친구와 농작물도 얻을 겸 일을 도와드리러 간다. 하지만 밭일에 익숙하지 않아서인지 조금만 앉아서 일을 해도 허리가 끊어질 것처럼 아프다. 저녁이 되면 몸을 제대로 움직일 수 없을 정도로 끙끙 앓는다.

어머님 허리는 여전히 ㄱ자로 굽어 있다. 굽은 허리를 펴는 수술은 연세도 많으시고 신경 혈관 문제로 불가능하다고 해서 포기했다. 바라볼 때마다 안쓰러운 마음이다. 그런데 문제는 그 허리로 아직까지 부엌일을 한다는 거다. 아버님은 세 끼 모두 밥으로 식사를 하셔야 한단다. 그러니 두 분이 계시는 집에 끼니마다 누가 밥을 지어야 하겠는가. 어머님이다. 한 손으로 싱크대를 지지대 삼아 허리를 세우고, 다른 한 손으로는 밥을 하신다. 주방에 식탁도 없다. 아버님이 좌식 밥상을 좋아해서다.

워킹맘으로 살아온 세월이 길다. 일을 하면서 가정을 꾸리고 아이를 잘 기른다는 것은 쉽지 않은 일이다. 특히 일하는 엄마의 입장에서는 아이에 대한 미안함과 죄책감이 마음속에서 떠나지 않아 더욱 힘들다. 매일 아침 아이를 떼어놓고 출근할 때마다 마음이 무겁고, 직장에서는 유부녀 티를 내지 않으려고 결혼하기 전보다 더 발을 동동 구르며 일을 한다. 대부분의 직장맘에게 요즘 어떻게 지내냐고 물어보면 모두 대답이 똑같다.

–화장실에 가는 시간 빼고는 일만 해요.

그렇게 일을 하고 집에 오는 길은 어떠한가? 마음 같아서는 대자로 누워 쉬고 싶지만 그럴 수 없다. 부모님이 아이를 봐주면 그나마 나은데, 보모 혹은 보육기관에 아이를 맡긴 엄마들은 제시간에 아이를 인계받기 위해 집 혹은 보육기관으로 뛰어간다. 아이를 인계받고 집에 와서는 부리나케 저녁을 준비하고, 집 안을 치우고, 아이와 놀아주고, 남편의 식사를 챙겨주고, 설거지까지 마무리하고 나면 기진맥진이다.

워킹맘을 시작했을 때 다짐했다.

나는 회사일과 살림, 육아 모두 완벽히 해내고 말 거야.

하지만 그 순간부터 모든 것이 스트레스로 다가왔다. 그 스트레스는 내가 생각한 '완벽'의 경지에 다다르지 않았을 때 화를 일으키고, 잔소리를 불렀다. 그러니 '모든 걸 완벽히 해내겠다'는 마음을 떨쳐내고, 아이 때문이든 회사일 때문이든 죄책감이나 자기혐오에는 빠지지 말아야 한다. 오히려 자신을 너그러이 이해해 주고, 부모이자 리더로서 성숙해져야 한다고 생각해야 한다. 완벽한 사람은 없으니까 말이다.

여자들이 편한 세상이라고 누가 그랬을까.

수능 점수는 엄마 점수

—오늘 목욕탕에 사람 많네.

—엊그제 수능 끝나서 그런가. 고3들 이제 학교 안 가도 되잖아요.

—올해는 주변에 시험 본 사람 없나 봐.

—친정 조카가 시험 봤어요.

—잘 봤대?

—모르겠어요. 어려웠다는데.

—수능 볼 때마다 똑같이 하는 소리지 뭐. 우리 애들이나 지금 시험 보는 애들이나…….

—하긴 그래요. 항상 어렵다고 하니까요.

—그래도 이번 수능일에는 별로 춥지는 않았어요.

—그러게. 매년 시험 때마다 강추위가 오더니 다행이네. 너무 추우면 애들이 너무 고생하잖아.

—이제 고3 엄마들도 고생 끝이네. 3년 내내 새벽밥 해 먹이랴, 야간자율학습 끝나면 데리고 와야지, 뭐라도 먹여서 학원으

로 독서실로 데려다줘야지, 늦게 들어오는 아이 기다렸다가 간식이라도 만들어줘야지. 보통 일은 아니다.

–나도 고3 엄마 세 번 해 봤지만 아무나 못하는 일이야.

–애들 생각해서도 그렇지만 뒷바라지 안 할 수 있나요. 나중에 성적 안 나오면 전부 내 책임이잖아요.

–진짜 모두 엄마 책임이라니까요. 그러니 3년 내내 전전긍긍할 수밖에요.

–애들 수능 성적이 왜 우리 책임이냐고요.

–그래도 3년 내내 수능만 바라보고 공부만 했던 아이들이 제일 힘들죠 뭐.

–부모들은 수능 성적표 기다리고, 아이들은 시험 끝났으니 어디라도 도망치고 싶어 하고…….

–저는요. 아들 수능 보는 날 노래방 가서 펑펑 울었잖아요.

–노래방에 가서요? 왜요?

–울 곳이 없더라구요.

–왜요? 시험 망쳤다고 해서요?

–아니요

–수능시험 보는 날 아들이 사라졌어요. 달랑 메모 한 장 남겨놓고요.

–어머나 세상에…….

– 얼마나 놀랐을까.

지금 살고 있는 시(市)는 몇 년 전만 해도 비평준화 지역이었다. 중학교 성적순으로 고등학교에 진학해야 하기에 입시전쟁이 초등학교 때부터 시작된다. D 고등학교는 전국에서도 유명한 명문 사립학교다. 매년 서울대에 몇 명 입학했는지 순위를 매기는 학교 중에서도 최상위권에 속했다. 그래서 자녀가 D 고등학교에 입학하면 서울대 입학은 당연한 것처럼 여겼다. 그만큼 부모들의 자부심도 대단했다. 그러나 아이들은 치열한 성적 경쟁 속에서도 제각각 꿈을 꾼다. 그 사실을 부모만 몰랐을 뿐이다. 나도 그랬다.

–D 고등학교 입학하고 나서 3년 내내 안 해본 과외가 없어요. 그렇게 싫다는 아이를 영어, 수학은 기본이고 과학까지 고액 과외를 붙여다니까요. 매일 야간자율학습 끝나면 학교 앞에 대기하고 있다가 준비해 간 간식을 차에서 먹였어요. 식을까 봐 안절부절하면서……. 모의고사 성적 떨어지면 남편은 아이 관리 못한다고 화만 내고, 돈 벌어다 줘도 좋은 과외 하나 못 찾는다고 나를 능력 없는 엄마로 만들기 일쑤였죠. 아무튼 그렇게 고3 잘 마무리하나 싶었는데 이 녀석이 수능일에 시험을 안 보고 사라져 버린 거예요. 아이가 며칠 연락이 안 되니까 정신이 나갔죠. 그제야 남편도 아이를 닦달했던 것이 미안했는지 아무 말도 못

하더라고요. 그날부터 밥도 물도 못 먹고 제발 살아 돌아오게만 해달라고 빌었어요. 전부 내가 잘못했다고…… 제발 돌아오게 해달라고 얼마나 기도했는지 몰라요.

–세상에, 그래서 아들 왔어요?

–수능 끝나고 보름쯤 지났는데 제주도라고 전화가 왔어요. 수화기 붙들고 얼마나 울었는지 몰라요. 미안하다고, 얼마나 힘들었냐고, 네 마음 엄마가 몰라줘서 정말 미안하다고……. 그 말밖에 할 말이 없더라고요.

–아이고, 큰일 치렀네요. 아들 대학 보내려다 늙네 늙어. 그래서 그 아들 지금은 뭐하고 있어요?

–작곡한다고 oo엔터테인먼트를 한 1년쯤 다녔나. 그러더니 아무래도 공부를 해야겠다며 다음 해에 수능 치르고 S 대학 실용음악과 다니고 있어요. 공부도 하고 싶을 때가 있나 봐요. 그때부터 아이를 제 마음에서 내려놨어요. 네 인생이니 이젠 알아서 하라고…….

우리집도 비슷한 상황이었다. 수능을 마치고 돌아온 작은아이는 별로 말이 없었다. 서울에서 공부하고 있는 큰아이까지 모처럼 네 식구가 모여 둘째가 좋아하는 음식으로 저녁식사를 했다. 디저트를 먹으며 입시에 대해 이야기를 나눌 때였다. 갑자기 둘째아이가 하고 싶은 말이 있다고 했다.

–나는 엄마, 아빠 그리고 형이 원하는 대로 이과(理科) 공부를 했고, 수능까지 봤어. 그러니 세 사람과의 약속은 지킨 거야.

–무슨 말이야?

–시험 보기로 한 약속은 지켰다고. 지금까지는 세 사람이 하자는 대로 했으니까. 이제는 내가 하고 싶은 공부할 거야. 그게 공평한 거잖아. 나 올해 대학 안 가. 재수해서 내년에 문과(文科)로 다시 수능 볼 거야. 사실 나는 상담학이나 심리학 공부가 하고 싶었거든. 그런데 식구들이 모두 이과 가야 한다고 해서 할 수 없이 이과 선택한 거야.

–아니, 그 말을 왜 이제야 하는 거니?

–말했는데 아무도 안 들어줬잖아. 나는 분명히 이과 안 맞는다고 했어. 그런데 세 사람 모두 이과 가야 한다고 밀어붙였잖아.

–너는 왜, 문과에 가고 싶은 건데?

–사실…… 중학교 때 너무 힘들었어. 반에서 몇 명이 나를 괴롭혔거든.

–왜 말 안 했어.

–누구한테도 말할 수 없었어. 그때 내 이야기를 들어줄 사람이 있었으면 조금 덜 힘들었을 거라는 생각은 들어. 그래서 대학에 가면 심리학이나 상담학 전공해서 아이들 이야기를 들어주

는 선생님이 되고 싶었어. 그런데 엄마도, 아빠도, 형도 무조건 이과 선택 하라고 했잖아. 그러니 내 생각을 말한다고 해서 진심으로 이해하고 받아들여 줬을까. 이제 세 사람이 원하는 대로 수능은 봤으니 이제는 내가 하고 싶은 공부하려고…….

너무나 미안했다. 사춘기 때 그런 힘든 일을 겪고 있었는지 전혀 몰랐다. 형제로 같이 자라는 동안 내내 사이가 좋았던 큰아이도 미안한 눈치였다. 조용하고 말 수가 적은 아이라 별문제 없이 학교에 다니는 줄 알았다. 우리는 당연히 아이가 원하는 대로 허락할 수밖에 없었다.

삶의 행복한 기준은 자신이 원하는 것을 선택하는 것이다. 남들과 비교해서 상대적 우위에 있는 것은 행복이 아니다. 그렇게 행복의 기준을 만든다면 이 세상에 행복한 사람은 아무도 없을 것이다. 행복의 무게는 다른 사람과 비교할 수 없다.

수건, 누가 치웠어

몸살이 오는지 으슬으슬하다. 김장하느라 문을 활짝 열어놓은 탓인지 옷을 얇게 입어서인지 여기저기 욱신거린다. 아무래도 목욕탕에 가야 할 것 같다. 일찌감치 김장 겉절이와 수육으로 이른 저녁도 먹었으니 느긋하게 다녀와도 될 듯싶다. 뜨끈한 열탕에 푹 몸을 담그면 좀 풀리려나. 단단하게 옷을 입고, 집을 나섰다.

목욕탕은 제법 한가롭다. 천천히 탈의를 하고 냉수도 한 모금 마시고 욕탕으로 들어갔다. 자리를 잡고 샤워를 한 후 사우나로 향했다. 그런데 웬걸 여인들이 가득하다. 눈으로 빈자리를 찾았다. 저쪽 구석에 한 사람 정도 앉을 자리는 있어 보인다. 그런데 어라, 스팀이 나오는 곳이다. 정말 뜨거운 자리다. 그래도 어쩌랴. 다시 나갈 수는 없으니…… 여인들 틈을 비집고 들어갔다.

–죄송합니다. 들어가겠습니다. 저, 조금만…….

조금만 움직여 달라고 부탁하자 여인들은 엉덩이를 조금씩 움직이며 비켜 주었다. 겨우 방석을 깔고 자리를 잡았다. 물론 다리를 펼 수도 없고 양반다리도 할 수 없다. 오도카니 웅크리고 앉을 만큼 공간이 좁다. 쉭쉭. 등 뒤에서 스팀 올라오는 소리가 들린다.

점점 뜨거워질 텐데. 나가는 사람 없나.

얼굴을 가린 수건 너머로 주변을 살핀다. 하지만 한참을 지나도 좀처럼 자리가 나지 않는다. 나의 참을성도 점점 한계치에 다다른다. 흠뻑 땀을 빼고는 싶었지만 지금 앉아 있는 자리는 뜨거워도 너무 뜨겁다. 도저히 더 이상은 열기를 견딜 수 없어 나가려던 순간, 입구 근처에 앉아 있던 아주머니가 사우나를 나갔다. 하지만 잠시 기다렸다. 혹시 다른 사람이 그 자리로 옮길까 싶어서다. 아무도 움직이지 않는다. 얼른 방석을 챙겨 들고 빈 자리로 갔다. 그런데 앉으려고 보니 아주머니가 나간 자리에 수건이 깔려 있다.

어, 수건을 두고 갔네.

나는 수건을 접어서 옆으로 치우고는 그 자리에 앉았다. 옆의 여인들이 힐끗 쳐다본다.

뭐지, 저 표정은.

옮긴 자리는 출입구가 가까워서인지 열기가 덜했다. 편안해진 마음으로 눈을 감았다. 어깨에 내려앉는 뜨거움이 뼛속까지 스며들었다. 김장으로 뻐근했던 허리와 어깨가 풀어지는지 온몸이 나른하다. 열기와 적당한 노곤함에 정신이 혼미해질 즈음, 날카로운 목소리에 눈을 떴다.

–내 수건 누가 치웠어!

처음에는 내게 말하는 줄 몰랐다. 수건으로 얼굴을 감싸고 있기도 했고, 당연히 나하고는 상관없는 일이라고 생각했다. 하지만 아주머니 목소리가 잦아들지 않았다. 무슨 일인가 싶어 수건을 걷고 사람들을 쳐다보았다. 한 아주머니가 사나운 표정으로 나를 내려다보고 있었다. 그제야 상황을 알게 된 나는 당황스러워 어쩔 줄 몰랐다.

–나가셨는 줄 알고…….

–수건을 두고 갔다는 건 자리 주인이 있다는 거잖아요. 그걸 왜 치워요!

–죄송합니다.

–수건 어딨어요!

–여기…….

접어서 창 턱에 올려놓았던 수건을 조심스럽게 건넸다. 여인은 수건을 낚아채듯 가져갔다. 그때 서너 명의 여인들이 사우나를 탈출했다. 그들이 나간 자리에 그녀가 자리를 잡았다. 나는 미안해서 눈도 마주치지 못했다. 그래도 사우나를 나가고 싶지는 않았다.

–형님이 나간 줄 알았나 보지.

–내가 벌써 가는 거 봤어? 내 자리라고 말했어야지!

–자리가 멀어서 안 보였어. 뜨거워서 모두 수건 뒤집어쓰고 있는데 보이나.

–사람이 나가니까 빈자리인 줄 알고 옮겼겠지 머.

–다음부터는 자리 잘 챙겨 줄게.

그때였다. 사우나 안의 다른 여인들이 목소리를 높인다.

–네 자리 내 자리가 어딨어요!

–그냥 빈자리 앉으면 되는 거 아니에요?

–그게 왜 빈자리에요? 수건으로 내 자리 표시하고 나간 건데!

–몰랐다잖아요. 그리고 앉을 수도 있죠. 다른 사람 금방 또 나갈 텐데 그 빈자리에 지금처럼 앉으면 되는 거지. 사우나 자리 전세 냈어요?

–아줌마는 왜 나한테 그래요? 자리 뺏긴 사람은 난데!

–뭘 자리를 뺏겨요. 빈자리에 앉았는데!

–수건 놓고 갔다니까요!

–그 수건, 버리고 나간 건지 놓고 나간 건지 어떻게 아냐구요! 이 아줌마 참 이상하네. 그리고 지금 좋은 자리 앉았잖아요. 그럼 됐지, 뭐가 그렇게 억울해요!

–뭐요?

–여기 사우나, 아주머니가 샀어요? 우리 똑같은 돈 내고 들어왔잖아요!

–왜들 나한테 난리에요!

–아줌마가 자기 자리라고 우기니까 그렇죠!

내가 한마디 하고 싶었는데 다른 여인들이 난리다. 괜히 나 때문에 말다툼이 일어난 것 같아 더 이상 앉아 있을 수가 없었다. 뜨거운 열기에 더해 얼굴이 달아올랐다. 사우나 문을 박차고 냉탕으로 달려갔다.

–괜찮아요?

–네…….

–저 사우나에 들어앉은 아줌마들 위층에서 골프연습하고 매일 몸 풀러 오는 사람들이야. 하도 시끄럽게 떠들어서 지난번에 카운터에 말했는데, 소용없어요. 저 사람들이 아이스커피만 시켜도 수십 잔이래. 때밀이에 마사지도 매일 받으니 그게 돈이 얼마겠어. 얼마나 대단하냐면 냉탕 온도 낮추라고 저 사람들이 한마디 하잖아. 그럼 금방 온도 내려간다니까.

사우나 가는 시간을 바꾼 이유다

극한의 온도에서 죽음을 논하다

오늘 냉탕의 온도는 16℃다. 오래 견딜 수 없는 차가움이다. 극한의 온도를 오가며 사우나를 즐기는 나는 마조히스트도 아닌데 쾌감이 극에 달한다. 몸의 열기가 가라앉자 다시 고온 사우나 문을 연다. 나는 평균 90℃ 전후인 고온 사우나에 두 번 정도 들어가고, 60℃ 전후인 습식 사우나에서 잠시 쉬었다 나온다. 고온 사우나에 혹사한 몸을 습식 사우나에서 달래는 과정이라고 할 수 있다. 어쨌든 고온 사우나에 들어오는 여인들은 지옥의 고행을 온몸으로 즐기고 있다.

오늘 사우나에서의 화두는 죽음이다. 며칠 전 서울의 모 고등학교 3학년 학생들이 수능을 마치고 반 친구들과 여행을 갔다가 참변을 당했다는 뉴스에 대해 이야기를 나누는 중이다. 그때 사우나 출입문 앞에 늘 자리를 잡는 아주머니가 누군가에게 묻는다.

–친정에 조카들 왔다며?

–응, 며칠 있다가 간대. 친정엄마는 애들 불쌍하다고 맨날 눈

물 바람이야.

–두 분, 돌아가신지 얼마나 된 거야?

–이제 1년 됐지. 바다낚시 갔다가 배가 뒤집혔잖아.

–어머나, 그랬구나

–파도가 좀 셌나 봐. 갑자기 배가 흔들리는 바람에 언니가 바다에 빠졌대. 근데 우리 언니가 수영을 못하잖아. 놀란 형부가 바로 뛰어들기는 했는데 못 구했지 머. 어쨌든 언니 구하려다 형부도 돌아가신 거야.

–세상에나, 애들이 힘들었겠다.

–근데 어찌 보면 오히려 잘되지 않았을까 하는 생각도 들어. 그때 만약 언니만 살아남았다면 자신을 구하고 죽은 남편에 대한 기억 때문에 평생 힘들었을 거야. 반대로 형부가 살았다면 언니를 끝내 구하지 못했다는 죄책감으로 폐인처럼 살았을 거야. 차라리 둘이 같이 돌아오지 못한 것이 잘된 것 아닌가 하는 생각도 든다니까.

–남은 아이들은 어쩌냐.

–그러게…….

–친정엄마도 남은 아이들 생각하면 애가 타나 봐.

언니 부부의 죽음을 다른 사람들 앞에서 어찌 이렇게 덤덤하게 말할 수 있는지. 그녀의 표정이 궁금했다. 얼굴을 덮고 있던 수건을 걷어 내고 출입구 쪽에 앉아 있는 여인을 쳐다봤다. 내 시선을 느꼈는지 여인이 고개를 돌린다. 그 어느 죽음도 잘된 죽음은 없다.

–사람은 극한 상황에 처하면 오히려 담담해지나 봐요. 대구에 친구가 살거든요. 그때 들은 이야기인데요. 몇 년 전에 대구지하철 방화사건 있었잖아요. 그때 아는 사람의 딸이 그 전철을 탔대요. 그날따라 딸이 신발 사고 싶다고 해서 만날 약속을 했는데, 갑자기 일이 생기는 바람에 그 엄마는 전철을 못 탔대요. 그런데 그런 일이 생긴 거죠. 딸한테 마지막 문자가 온 거라고 보여주는데……. 내가 그런 상황이었다면 '엄마 사랑해, 미안해' 하고 마지막 문자를 보냈을까 싶어요. 죽음이 눈앞에 와서 '너, 죽는 거야' 하고 말하는데 엄마한테 문자라도 남겨야겠다는 생각을 어떻게 한 건지 모르겠어요.

–살면서 죽는다고 생각하면 무서운데 막상 닥치면 사람들은 그 상황을 받아들이는 것 같아.

–그러게요. 내가 아는 사람도 오랫동안 병원에서 고생했는데, 그때는 그렇게 살려고 하더니 호스피스 병동에서 막상 죽음을 기다리니까 오히려 편안하다고 하더라구요. 식구들에게 미안하다고 인사도 하고.

–사는 거나, 죽는 거나 매 한가지 아닌가 싶네.

–에구, 딸에게 그런 문자를 받았으니 그 엄마는 마음이 어땠을까.

–말만 들어도 마음이 아프네.

왜 죽음을 눈앞에 둔 사람들은 남아 있는 사람들에게 미안하다고 하는 걸까…….

몇 년 전, 친정아버지 생신에 맞추어 여동생과 셋이 여행을 떠났다. 홀로 계신 아버지에게 기분전환도 필요했고 모처럼 부녀지간에 오붓한 시간을 만들고 싶어서였다. 바다를 좋아하는 아버지를 위해 서해의 풍광이 아름다운 숙소를 정했다. 평소 말씀이 없으신 분인데 그날은 우리가 어디로 가는지, 시간이 얼마나 걸리는지 이것저것 물으셨다.

얼마쯤 후 목적지에 도착해 항구에서 회를 뜨고 얼큰한 매운탕으로 소주 몇 잔을 아버지와 나누었다. 바다로 해가 저물고 있었다. 물끄러미 붉게 물든 낙조를 바라보던 아버지는 먼저 떠난 친정어머니 생각나셨나 보다.

–여기, 네 엄마가 좋아하겠는데…….

흔들의자에 앉아 계신 아버지를 스마트폰에 담았다. 사진 속의 아버지는 많이 여위었다. 홀로 있는 시간이 너무 길었던 걸까. 불쑥 아버지가 내게 말을 건넸다.

–에미, 혼인한 지 얼마나 됐지?

–30년이요.

–벌써 그렇게 됐나……. 그동안 애썼다.

–새삼스럽게 무슨 말씀을…….

–결혼하고 별 탈 없이 30년 동안 잘 살아준 것도, 네 엄마 일찍 가서 힘들게 맏딸 노릇한 것도……. 다 애썼다. 내가 많이 도와주지 못해서 늘 미안했다.

–아니에요…… 이제 다들 잘 사는데요. 뭐. 그럼 됐죠.

–이제는 너 하고 싶은 일 하고 살아.

–저 일하잖아요. 글도 쓰고 강의도 하고…….

–그게 아니고, 네 마음이 하고 싶은 대로 하면서 살라는 얘기야. 이제는……. 네 엄마 일찍 떠나고 동생들한테도 할 만큼 했으니 이제 너무 마음 쓰지 마라. 둘째나 셋째도 네 맘 알아줄 날 있을 거다. 그리고 막내는 잘하고 있는 거지.

–그럼요. 잘하고 있어요. 걱정 마세요.

–막내 잘 챙겨줘라. 너밖에 없잖니. 걔한테는…….

–네…….

–가난한 강 씨 집안에 맏이로 와서 참 애썼다…….

아버지의 손이 내 등을 쓰다듬는 순간 왈칵 눈물이 쏟아졌다. 가슴 저 밑바닥으로부터 아니 아주 먼 기억으로부터 시작된 서러움인지도 모르겠다. 한동안 나는 말을 하지 못했다. 그 마음을 알았는지 바다는 우리 부녀를 향해 천천히 천천히 다가왔다. 그리고 그날 새벽, 아버지는 서해의 물빛을 따라 우리 곁을 떠나셨다. 향년 81세 범띠 내 아버지…… 姜永吉.

서해바다 여행지에서 우리는 마지막 저녁 식사를 나누고 서로의 마음을 털어놓았다. 그날 낙조를 바라보던 아버지의 사진은 영정사진이 되었다.

-죽은 사람만 억울하지.

-어떻게 그렇게 죽나 그래…….

-아이고, 뜨겁다. 이야기 듣느라 여기서 죽겠다.

뜨거움과 사투를 벌이는 사우나 안의 여인들은 죽음의 철학을 논하는 중이다.

뉴스 인플루언서

옛날에 빨래터는 온 동네 소문의 근원지였다. 누구네 집에 씨앗을 뱄다더라, 혹은 누구네 집 둘째 딸이 아이를 데리고 혼자 내려왔더라, 하며 친정에 며칠째 머무는 것이 수상하다고 여기저기서 수군거린다. 그때부터 빨래터에는 근거 없는 추측성 소문이 난무한다.

–방앗간 형님 둘째 딸, 얼마 전에 신랑도 없이 애 데리고 내려왔던데.

–그래? 왜 내려왔대.

–모르지 뭐.

–누가 봤는데 어깨가 축 처진 게 안색도 안 좋고 무슨 일 있는 것 같아 보이더래.

–그래?

–그 집 형님은 별말 없어?

–이상하게 집에서 꼼짝을 안 하네.

–무슨 일이지?

–혹시 이혼하고 내려온 거 아니야?

–에이, 그럴 리가.

–형님네 둘째 딸 공무원이잖아. 신랑도 거기서 만났다던데 아파트도 장만하고 제법 잘 산대

–누가 그래?

–누가 그러긴, 방앗간 형님한테 들었지.

–그거야 모르지, 가방 하나 덜렁 들고 아이만 데리고 친정 와서는 집 밖에는 나오지도 않고 아무래도 이상하잖아.

–분명 무슨 사단 난 거라니까.

–벌써 친정에 온 지 며칠째인데 신랑은 코빼기도 안 보이고.

–그러게 그것도 이상하네.

순식간에 빨래터의 여인들은 친정에 내려온 방앗간 집 둘째 딸 이야기로 한바탕 소설을 쓰기 시작한다. 그날부터 소문이 꼬리에 꼬리를 물었다. 방앗간 집 둘째 딸이 이혼을 하고 알몸으로 쫓겨 왔다는 것이다. 하지만 며칠 후 알려진 사실은 이랬다. 딸이 암 진단을 받았고 수술하기 전에 아이를 잠시 맡기려고 친정에 온 것이었다. 몸 상태가 좋지 않으니 외출하지 않았던 것이고, 남편은 미처 휴가를 내지 못해 서울에 남아 아내의 수술 준비를 하고 있었다고 한다. 그런데 동네 사람들 누구도 이혼녀를 만들었던 소문에 대해 사과한 사람은 없었다.

아주 오래전 고모님이 들려준 이야기다. 그 억울한 소문의 주인공은 고모님의 둘째 딸이었다.

지금 다니고 있는 사우나에 세상일에 아주 해박한 여인이 있다. 그녀는 정말 모르는 일이 없다. 연예인 스캔들이 나면 과거에 누구와 연애를 했고, 어떤 성향의 사람이며 어디에 살고 있는지도 다 안다. 정치면 정치, 부동산이면 부동산, 금융 관련 정보까지 어떤 이슈에도 그녀의 입은 멈추지 않는다. 안 해본 것도 없고 모르는 것도 없다.

－여기 사우나에 가끔 오는 키 큰 여자 있죠?

그녀다. 9시 뉴스보다 빠른 정보 그러나 항상 왜곡되고 비틀린 내용들. 조금만 지나면 그녀의 이야기는 사실이 아닌 경우가 더 많다. 그럼에도 그녀는 그녀만의 뉴스 전달을 멈추지 않는다.

－누구?

－왜, 형님도 아는 사람일 텐데. 남편이 의사고 oo아파트 산다는?

－그런데 왜?

－그 집 딸이 이번에 서울대 붙었잖아요.

－어머, 그래. 잘됐네. 잘 아는 집이야?

－그 집 딸하고 우리 딸하고 같이 과외했어요. 같은 학교 다녔거든요. 둘이 친구예요.

—그랬구나. 자기 딸도 이번에 수능 본 거야?

—막내요.

—막내딸이 있었구나. 그럼 자기 딸은 어디 붙었어.

—재수하기로 했어요.

—왜, 시험 망친 거야?

—네.

—잘 다독여 줘. 제일 힘든 건 본인일 테니.

—그래야죠. 그런데 그 집 딸이 아무래도 무슨 문제가 있는 것 같아요.

—무슨 문제?

—우리 딸이 그 집에 가서 영어, 수학 과외를 했거든요. 실력 좋은 선생이라고 하길래 같이 하자고 부탁했죠. 과외비가 얼마나 비쌌는지 몰라요. 아무튼 그래서 같이 공부를 하게 됐거든요. 우리 딸도 좋아하더라구요. 과외 선생님 인물도 좋고 잘 가르친다고요. 그런데 몇 달 지났나, 느닷없이 과외를 안 한다는 거예요. 무슨 일이냐고 물었더니 친구가 사정이 생겨서 안 하기로 했대요.

—선생이 무슨 문제가 있었나?

—내 생각에는요. 아무래도 과외 선생하고 그 집 딸 사이에 무슨 문제가 있었던 것 아닌가 싶어요.

—잘 알지도 못하면서 그런 소리 하지 마.

—아니, 정말 이상하다니까요. 그 집 엄마도 괜히 슬슬 나를 피하는 거 같고.

—왜 피해?

—모르죠.

—모르는데 왜, 이상한 소리 하고 그래!

—그러게. 어쨌든 그 집 딸 서울대 갔잖아.

—그렇기는 한데…….

—잘 알지도 못하면서, 말 조심해.

—이상하잖아요.

—뭐가 이상해? 사정이 있었겠지.

그 집 딸과 과외 선생 사이에 불미스러운 일이 있었다고 확신하는 그녀. 그녀는 자신의 말에 사람들이 별로 반응하지 않자 벌컥벌컥 얼음물만 들이킨다. 사우나 안에 있는 사람들은 그녀의 말에 더 이상 대꾸를 하지 않는다. 커다란 몸으로 땀을 뻘뻘 흘리던 그녀가 사우나를 나갔다. 사람들은 기다렸다는 듯이 한마디씩 한다.

—자기도 자식 있으면서 왜 남의 딸 이야기를 저렇게 말하는 거지.

—나중에 사실이 아니면 어쩌려고 쓸데없는 소리를 하는지

원. 알 수가 없네.

—배 아픈가 보죠. 그 집 딸이 서울대 가서.

모 방송사 뉴스에 '팩트체크'라는 코너가 있다. 정치 사회적인 이슈들의 사실 여부를 다룬다. 가끔 정치인들이 내놓은 발언을 검증할 때는 놀라움과 시원함을 동시에 느낀다. 어떻게 저런 거짓말을 당당히 할 수 있는지 도무지 그들을 이해할 수가 없다. 조금만 들여다보면 누구나 거짓임을 알 수 있을 텐데 말이다.

온 세상 일에 해박했던 그 여인은 한동안 사우나에 나타나지 않았다.

이름 세탁

이름은 대상에게 정체성을 부여한다. 라틴어 격언 중에는 '이름이 곧 징조(Nomen est omen)'라는 말이 있다. 사람에게 붙인 이름은 그 사람이 지닌 모든 것을 담고 있으며, 듣는 이의 머릿속에 그 사람을 떠오르게 한다는 뜻이다.

오늘 사우나의 토크 주제는 이름이다. 본명을 버리고 개명한 아주머니 이야기다.

－우리는 7남매거든요. 그런데 이름이 참나…… 왜 딸들의 이름을 이렇게 지었나 몰라요.

－이름이 뭔데요?

－백란(白蘭), 백한(白鷴), 백남(白嵐), 백지(白志), 백양(白陽), 백인(百仞), 백훈(白勳)이요.

－한자 뜻은 모두 좋은데요. 작명소에서 지은 것 아니에요?

－큰댁 할아버지께서 지어 주셨대요.

－성씨가 어떻게 되는데?

－고 씨요

–그럼 자기는 넷째니까 백지?

–응, 백지.

–현희라며? 개명한 거야? 어쩐지 옛날 이름치고는 세련됐다 했지.

–요즘 세컨드가 대세잖아요. 세컨드 카, 세컨드 하우스.

–그럼 이제는 세컨드 네임도 만들어야 되나.

–백지였네, 현희가 아니고. 왜 여자애 이름을 그렇게 지으신 거야?

–그러게 말이야…….

–그런데 개명한 이야기 왜 안 했어?

–창피해서.

–복고풍인데요, 레트로 감성.

–얼어 죽을 복고는 무슨 복고.

–언제 개명한 건데?

–첫딸 출가시킬 때, 사돈한테 좀 창피하더라고. 청첩장에 이름 적어야 하잖아. 내 이름 보고 웃을 것 같아서 말이야. 사돈 이름은 정화였거든. 이정화. 너무 예쁘잖아.

–별걸 다 걱정했네. 그렇다고 개명을 해. 혹시 사돈도 개명한 거 아니야?

–아이고, 애들 결혼할 때 보셔. 그저 작은 거라도 책잡히고 싶

지 않아서 그랬지.

–이름 바꾼다니까 남편은 뭐래요?

–처음에 쓸데없는 소리 한다고 버럭 하더니. 청첩장에 이름 쓰기 민망해서 그런다니까 나중에는 맘대로 하라고 그러더라구요.

–대단하시네. 딸 출가시키는 데 개명을 다 하시고.

아름다울 미(美) 사랑 애(愛).

할아버지께서 지어 주신 내 이름이다. 강(姜)이라는 성씨는 필연으로 엮여 있으니 불만을 가질 수도 없지만 내 이미지와 비슷한 느낌이라 좋다. 그런데 미애라는 이름은 도무지 마음에 들지 않는다. 한때는 개명하겠다며 여러 이름을 만들어 보기도 했다. 강은수, 강현우…. 중성적인 이름으로 바꾸고 싶었다. 하지만 함부로 개명할 수도 없는 노릇이었다.

막냇동생의 이름은 미정(美貞)이다. 동생에게 내 이름보다 미정이란 이름이 좋다고 했더니 의외의 답변을 했다.

–언니, 나도 내 이름 마음에 안 들어.

–왜, 예쁜데.

–나는 별로야.

–내가 미정이었으면 좋겠다.

-그럼 내 이름 가지든가, 내가 개명할 테니.

두 아들이 중고등학교에 다닐 무렵, 이름에 대한 불만이 있는지 물었다. 두 아이 모두 한글 이름이기 때문이다. 어렸을 때는 한글 이름으로 부르는 것이 좋았는데 혹시 성인이 되어 사회생활하는데 괜찮을까 하는 걱정스러운 마음이 들어서다. 하지만 다행스럽게도 두 아이 모두 자신들의 이름에 불만이 없다고 했다.

첫아이의 이름을 한글로 하겠다고 했을 때 집안 어른들은 모두 반대하셨다. 항렬에 따라 정해진 돌림자가 있는데 굳이 한글로 이름을 지어야겠냐는 것이다. 하지만 한글로 이름을 지었다고 해서 족보에 올리지 못하는 것도 아니고, 더욱이 돌림자인 순(順)이 마음에 들지 않았다. 순(順)이 착하다는 의미를 갖고 있지만 남자아이의 이름을 짓는 데는 선택의 폭이 너무 좁았다.

사돈 때문에 개명했다는 아주머니의 마음도 이해는 간다. 옛날 어른들의 이름 중에는 딸을 낳고서 섭섭한 마음을 나타낸 이름들이 적지 않다. 서분(西粉), 필녀(畢女), 후남(后男), 막음이(莫音伊) 같은 이름이 그런 경우다. 서분은 또 딸을 낳아 서운하다는 뜻이요, 필녀는 이로써 딸은 끝마무리라는 원망 표시요, 후남은 다음 차례는 아들이라는 소원을 나타낸 아명이다.

요즘에는 개명하는 일이 어렵지 않다. 법원에 개명허가 신청서와 개명하려는 사유서, 증빙서류를 제출하면 된다. 예를 들어 친족 간에 동명이인이 있다거나 또는 항렬자를 따라 이름을 바꾸고 싶으면 족보, 친족 증명서만 있으면 된다. 가정이나 일상생활에서 불리는 이름으로 바꾸고자 한다면 편지, 일기, 생활기록부 등을 제출하면 되고, 이름으로 놀림을 받고 있다면 신청서에 주변 사람들의 진술서 등을 붙이면 개명이 가능하다.

더 나이 들기 전에 내가 원하는 이름으로 바꾸면 좋겠다.

할아버지께서 서운해하시려나.

VVVIP 회원

그녀는 오늘도 가부좌를 튼 채 사우나 한쪽에 놓여 있는 의자에 올라앉아 있다. 복부에 붙여 놓은 핑크색 실리콘 부항이 그녀의 호흡을 따라 출렁인다. 수건으로 얼굴을 휘휘 둘러 감아 뾰족하고 높은 코만 겨우 보인다. 키가 크고 체격도 좋은 편이다. 바닥에 앉아 있는 우리를 내려다보고 있는 모습은 흡사 장수 같기도 하다. 아무튼 90℃를 넘나드는 고온에서 그녀는 유일하게 의자에 앉아 뜨거운 열기를 견디고 있다.

그녀는 사우나 안을 지배한다. 온도가 높다고 생각하면 입구에 앉은 사람에게 문을 조금 열어놓으라고 말한다. 혹시 머뭇거리기라도 하면, 왜 문을 열어야 하는지 일장 연설이다. 그러다 온도가 떨어진다 싶으면 다시 문을 닫으라고 한다. 자신은 절대 내려오지 않는다. 의자에 앉은 채로 출입문 근처에 앉아 있는 사람에게 명령만 할 뿐이다. 이상한 것은 대부분 그녀의 말을 잘 듣는다는 것이다.

그날은 몸살이 오려는지 영 몸 상태가 좋지 않았다. 목욕탕에 들어가자마자 고온 사우나로 직행했다. 뜨거운 열기가 온몸에 간절하게 필요했다. 그런데 사우나 온도가 높지 않다. 온도계를 보니 82℃다. 문이 열려 있어 그런가 보다 생각했다. 먼저 들어온 사람들이 열어 놓았을 테니 처음에는 그냥 있어 보려고 했다. 하지만 문틈으로 바람이 들어오니 좀처럼 몸이 더워지지 않았다. 조용히 일어나 출입문 아래에 받쳐 놓았던 수건을 밀어내고 문을 닫았다. 그제야 온도가 오르기 시작했다. 그 순간이었다.

–여봐요! 왜 닫아요?

–네?

–왜 문을 닫냐구요?

의자에 앉아 있는 아주머니다.

–찬바람이 들어와서 그런지 사우나 온도가 너무 내려갔어요.

–문을 닫아 놓으면 너무 뜨겁잖아요!

–고온 사우나인데 뜨거워지는 것이 맞는 것 아닌가요?

–문 좀 열어놔요!

문 앞에 앉아 있던 아주머니 한 사람이 주춤거리며 일어난다. 문을 열어 놓으려는 것 같았다.

–뜨거우면 나가세요. 지금까지 계속 열어놨으니까 이제는 닫아도 되는것 아닌가요?

－다 이유가 있으니까 열어 놓으라는 것 아니에요!

－무슨 이유요?

－너무 뜨겁잖아요!

－아주머니, 이곳에 들어오려는 이유가 뜨끈하게 땀 내려고 하는 건데 뜨겁다고 문을 열어 놓으라는 게 말이 돼요? 여기 고온 사우나거든요!

사우나 안이 순간 조용하다. 하지만 아무도 내 편도, 그녀 편도 들지 않았다. 출입문 입구에서 주춤거리던 아주머니는 언제 나갔는지 보이지 않는다. 사우나 안은 그제야 쉭쉭거리는 소리와 함께 온도가 올라가기 시작했다.

－뜨거워 죽겄네.

의자에 앉아 있던 그녀가 결국 열기를 참지 못하고 사우나를 탈출했다.

－대충 넘어가요.

－네?

－저 형님, 누구한테도 안 지는 사람인데.

－무슨 말씀이세요. 저는 싸움하자는 것이 아니에요. 못 견딜 만큼 뜨거우면 나가면 되잖아요. 왜 자기 마음대로 문을 닫으라, 마라 해요. 부당하죠. 저도 돈 내고 쉬러 왔다구요. 말 못 할 이유가 없죠.

—그래도 저 형님 조심해요.

—전 잘못한 거 없어요.

—잘못했다는 것이 아니라 자기한테 덤비는 느낌이 들면 집요하다니까.

—전 잘못한 것 없다니까요.

흠뻑 땀을 내고 나니 몸이 그제야 좀 가벼워진다. 들고 있는 수건으로 앉았던 자리를 대충 닦고는 사우나를 나왔다. 오늘도 냉탕의 물은 머리끝까지 저릿저릿하다. 차가운 물속 깊이 몸을 담가 열을 식혔다. 그때였다.

—이봐요!

—네?

돌아보니 그 아주머니다. 탕 언저리에 앉아 나를 내려다본다.

—나, 여기 VVVIP 회원이야. 사장은 물론이고 그 집 식구들하고도 모두 알고 지내는 사이거든.

—그런데요?

—이유가 있어서 사우나 문 열어 놓으라고 한 건데, 그걸 왜 맘대로 닫아!

—무슨 이유요! 저기는 사우나에요. 땀 내려고 들어가는 사우나라구요. 그러면 문을 닫아 놓는 것이 맞을까요? 아니면 열어 놓는 것이 맞을까요? 왜 아주머니 마음대로 하시는데요.

–무슨 내 마음대로 해? 너는 네 마음대로 문 닫았잖아!

–왜 반말하세요?

–뭐?

–이 목욕탕 아주머니가 주인이세요? 주인이래도 마음대로 하시면 안 되는 거죠.

–나, 여기 오픈할 때부터 VVVIP 회원이라구!

–그게 무슨 상관인데요. 그러면 목욕탕에서 마음대로 하셔도 된다는 거예요? 그건 아니잖아요.

더 이상 말다툼하기 싫어 냉탕을 나왔다. 주섬주섬 냉탕 주변에 놓았던 방석과 방수 스커트, 수건을 챙겨 다시 사우나로 향했다. 잠시 후 그 아주머니도 들어와 의자에 앉는다. 그동안 사우나 안에 있던 사람들은 모두 사라졌다. 아주머니와 나 둘뿐이다. 문은 닫혀 있다. 온도가 높아지는 걸까. 사우나가 열기로 달아오르기 시작했다. 수건으로 얼굴을 감싼 채 최대한 낮은 자세로 바닥에 엎드렸다. 아주머니는 팔짱을 낀 채 의자 위에서 나를 내려다보고 있다.

요양병원은 싫어

–다녀왔어요?

–응, 갔다 왔지.

–어떠세요? 식사는 하세요?

–살살 달랬지 뭐. 이렇게 아무것도 안 드시면 집에 영영 못 가신다고.

–아직도 거기가 싫다고 하시나 봐요?

–싫대. 무섭대.

–어째요…….

–가져간 호박죽 겨우 달래서 한 그릇 드시더니, 바로 집에 가고 싶다는 거야. 죽 먹으면 집에 간다고 했으니 지금 가자며 짐 싼다고 난리였어.

–어머나, 그래서 다시 모시고 오셨어요?

–아니, 어떻게 모시고 와. 안돼. 지금 친정엄마가 다리를 다쳐서 움직이지도 못해. 치매 증상도 있어서 누군가는 24시간 곁에서 지켜봐야 하는데 그럴 사람이 없어. 그래서 엄마가 이해가

되도록 설득했지.

–듣기는 하세요?

–가만히 듣기는 하시지. 막무가내는 아니니까.

–마음 아프네요.

–그래도 어쩔 수가 없으니 뭐.

–속상하기는 하다. 그래, 뭐라고 설득하신 거예요?

–엄마, 여기는 병원이니까 의사, 간호사 선생님들이 24시간 내내 엄마를 살펴볼 수 있잖아요. 그런데 집에서는 안 되잖아. 나도 그렇고 식구 중에 엄마 옆에서 24시간 돌볼 사람이 없어요. 아이들 키우고 먹고살려면 하루도 쉴 수가 없잖아. 엄마도 우리 형편 아시잖아요. 그러니까 여기가 조금 불편해도 엄마 보러 자주 올 테니까 잘 있어줘요.

–그랬더니 선뜻 알았다고 하세요?

–아니, 내 말 다 듣고는 아무 말도 안 하시는 거야. 그래서 이번에는 병원 자랑을 마구 했지. 엄마, 여기는 훌륭한 의사 선생님도 계시고, 음식도 맛있고 엄청 청결하고 깨끗해. 깔끔한 것 엄마가 제일 좋아하잖아. 또 공기도 좋지, 말동무할 어르신도 있지. 그래서 심심하지도 않을 거야.

–어머니에게 설득하면서도 마음 안 좋았겠어요.

–그랬지.

—결국 요양병원에 남기로 결정하신 거예요?

—결정했다기보다는 엄마도 어쩔 수 없다고 생각하신 거겠지. 자식들 힘들다고 하니까.

—그 마음이 어떠셨을까. 집에 가고 싶으셨을 텐데.

—그러게. 그래도 방법이 없는 걸 뭐. 어쩌겠어…….

—그렇기는 하지만…….

—면회 마치고 일어나려는데 엄마가 내 손을 잡더니, 미안하다고 하시면서 그래도 집에는 가고 싶다고 하시더라고. 병원에서 발이 안 떨어지는 거야. 다음 주에 또 올게요, 하는데 목이 메서 말도 못 하고…… 마음 같아서는 엄마 업고 집으로 오고 싶더라니까.

—휴, 말만 들어도 마음이 아프네요

—그런데 엄마가 누가 들을까 봐 조심스럽게 내 귀에 이러는 거야.

—나, 집에 가면 안 되니? 요양병원 싫어…….

지인 중에 사진가로 활동하고 있는 B 작가는 93세 된 노모를 모시고 있다. 여러 가지 사연으로 지인과 노모 둘이 살고 있는데 노모는 거동이 불편해 집 안에서도 휠체어에 의지하고 있다. 깔끔하고 자존심 강한 성격의 노모는 간병인이나 다른 사람의 도움을 거부해 오로지 지인과 딸들이 돌본다. 6남매이지만 사정상 두 명의 딸이 낮 시간에 교대로 어머니를 돌보고 돌아간다. 지인의 노모는 자녀들에게 눈치 보지 않고 언제나 당당하게 필요한 것을 요구하는 분이기도 하다. 저녁 무렵, 자신을 돌봐주던 딸이 돌아가면 그때부터 하나뿐인 아들을 기다리는 시간이다. 수시로 아들에게 전화를 걸어 몇 시에 들어오냐고 슬픈 목소리로 묻는다. 퇴근 시간을 알려 드려도 그때뿐이다. 잠시 후 다시 전화가 걸려온다. 언제 들어오냐고, 어디쯤 왔냐고……. 어떤 날에는 회의가 길어져 전화를 받지 못했더니 부재중 전화가 스무 번이나 와 있었다. 동료들의 걱정 어린 시선에, 지인은 덤덤히 말했다.

—어머니가 혼자 있는 것을 싫어해서…….

B 작가도 한때 노모를 요양병원에 모시려고 했다. 노모가 욕실에서 넘어져 다리를 다쳤을 때인데, 24시간 지켜볼 사람이 없어서였다. 하지만 요양병원은 완강하게 거부하셨다. 가족회의를 했지만 결국 요양병원에 모시는 것은 포기하고 말았다. 낯선 간병인도 원치 않아 지인은 당시 한 달 이상을 매일 의자에 앉아 토막잠을 잤다고 했다. 5분 간격으로 자신을 부르는 어머니 때문이다. 피곤한 낯빛에 야위어 가는 지인을 볼 때마다 그가 먼저 쓰러질 것 같아 안타까웠다. 말이 별로 없는 분이라 노모를 탓하

거나 불만의 목소리를 들어본 적은 없다. 다만 그 시간을 어떻게 견디고 있는지 나로서는 짐작만 할 뿐이었다.

요양병원에 부모님을 모시게 되면 불효자가 된다는 주변의 따가운 시선과 죄책감으로 수치스러워하는 경우가 많다. 나도 한때 요양병원에 부모님을 모신다고 하면 현대판 고려장이 아닐까 하는 생각을 한 적도 있다. 한평생 자신을 기르고 돌봐준 부모를 병이 들었다고 해서 혹은 자신들의 삶을 살아야 한다는 이유로 병원 입원을 쉽게 택하는 경우를 많이 봤기 때문이다. 아마도 요양병원에 대한 부정적인 인식이 많은 것도 그 때문일 것이다. 하지만 지병이 있거나 거동이 불편하신 부모님을 자식들이 온전히 돌보는 일은 쉽지 않은 일이다.

두 아이가 성인이 되면서 나 역시 생각이 많아졌다. 이제부터는 아이들이 나를 돌봐 주어야 하는 시간이 다가오기 때문이다. 어쩔 수 없는 상황도 일어나겠지만 최대한 내 문제는 스스로 해결하려고 한다. 물론 자식으로서, 내가 해온 것처럼 두 아이도 기꺼이 감내하고 받아들일 것이라는 생각은 든다. 하지만 조금은 유연하고 합리적인 방법을 고려해야 하지 않을까 싶다. 오늘날 자식들에게 일방적인 효와 희생을 강요하기에는 그들이 살아가야 할 삶의 몫이 너무 벅차다.

어느 날, 공자에게 제자 재아가 부모가 돌아가시면 왜 굳이 삼

년상을 치러야 하느냐고 물었다. 이에 공자는 부모가 자식을 낳으면 처음 3년 동안 품에 안고 키워 주었기 때문에 돌아가신 뒤 3년 동안 부모를 가슴에 품고 사는 게 인간으로서의 도리라고 답한다. 하지만 지금은 대부분 3일장이면 장례절차는 끝이다. 삼우제도 안 하는 경우가 많다.

부모는 죽을 때까지 자식을 위해 희생한다. 하지만 자식은 단 10년도 부모를 위해 희생하기 힘들어 한다. 이것이 부모와 자식의 결정적 차이다. 자식은 오랜 시간 부모로부터 받는데 익숙해졌고 항상 더 받기를 원한다. 그러면서도 부모를 봉양하거나 모시기는 꺼린다. 부모가 자식에게 해줄 수 있는 마지막은 죽을 때 신세 지지 않는 것이다. 치매에 걸린다거나 중환이 생기면 아무리 짧은 시간 아프더라도 자식을 고생시킨다. 그 고생마저 시키지 않으려는 것이 부모의 심정이다.

그러한 부모의 노력은 자식이 부모의 나이가 되어 봐야만 안다. 부모가 걸어온 길을 똑같이 걸어봐야 비로소 부모가 얼마나 자신을 사랑했으며 많은 것을 주었는지 깨닫게 되는 것이다.

부모의 나이는 반드시 기억해야 한다.
한편으로는 오래 사신 것을 기뻐하고 또 한편으로는
나이 많은 것을 걱정해야 한다. -논어

■□ 목욕의 역사 - 쾌락의 나날들

그리스 로마, 목욕의 황금시대

로마의 대중목욕탕은 초대 황제인 아우구스투스에 의해 처음 지어졌는데 제정 말기에 이르자 8백50여 개의 대중목욕탕이 생겨났다. 그중에서도 카라칼라, 아그리파, 네로의 대중 목욕탕은 놀랍도록 호화롭고 사치스러웠다. 카라칼라 대중목욕탕은 부지 12만 4천4백 평방 미터에 2천1백 명이 동시에 목욕할 수 있는 광대한 욕실을 갖추고 있었으며, 욕탕 말고도 도서실과 점포, 경기장 등을 고루 갖추었으니 거대한 사교장이나 다름없었다.

로마 황제들은 그들의 선임자를 능가하는 건축물로 자신들의 치세를 빛내고자 했는데 그 대표적인 것이 목욕탕이었다. 마침내 305년 디오클레티아누스 황제는 한꺼번에 3천 명의 인원이 함께 목욕할 수 있는 사상 최대의 공중목욕탕을 지었다. 이처럼 목욕을 즐김에 따라 물을 안정되게 공급하는 일이 중요한 문제가 되었다. 그러니 로마에는 일찍부터 상수도가 발달할 수밖에 없었다. 방대한 양의 물을 공급하기 위해 대대적인 수도관 공사가 여러 차례에 걸쳐 이루어졌던 것이다. 당시의 목욕탕은 휴식이나 대화는 말할 것도 없고, 수영과 사우나, 향유 바르기, 체조와 같은 경기를 즐길 수도 있는 질탕한 오락 장소였다.

특히 지체 높은 남녀는 욕탕의 시중꾼들로부터 각종 마사지를 받았는데, 그 가운데 가장 인기 있었던 것 중의 하나가 '음부마사지'였다. 로마시대 초기만 해도 풍기를 중시하여 남녀가 따로 입욕하였고, 낮에만 입욕을 허락하였으나, 말기에 이르자 남녀 혼탕이 된 것은 물론이고 깊은 밤에까지 목욕을 즐길 수 있게 되었다. 따라서 욕탕은 시나브로 음탕한 장소로 변질되어 갔다. 가정 부인들마저도 남자들 앞에서 아무런 거리낌없이 노예를 시켜 자신의 몸을 씻게 하였다.

중세 시대의 기사들 또한 목욕할 때 여자들의 시중을 받았다고 한다. 에센바흐의 궁중 서사시 「파르치팔」에서 보면 주인공이 느긋하게 목욕탕에 들어앉아 있을 때, 시중드는 처녀들이 들어온다. 그러나 여자들이 남자의 은밀한 곳을 볼 수 없도록 목욕물은 온통 장미 꽃잎으로 뒤덮여 있었는데, 이것이 목욕물을 식지 않게 하는 실용적 구실도 했다고 한다.

프랑스 작가 브르통은 장미탕이 여인의 음문을 상쾌하게 해준다고 주장했다. 즉, 로즈메리유의 향유를 38도의 온탕에 첨가하면 보통 목욕할 때보다 7배나 음핵의 혈액순환을 촉진시키는 작용을 한다는 것이다. 13세기 들어서자 유럽에서는 개인 목욕탕이 생기기 시작했다. 그러나 여전히 사람들은 주로 대중목욕탕을 이용했다. 대중목욕탕은 모든 북유럽 도시에서 흔히 볼 수 있는 것이었다.

3세기 파리의 대중목욕탕은 아침에서 점심때까지는 여자가, 오후와 저녁에는 남자가 이용하는 식으로 운영되었다. 그런데 그러다 보니 남자 탕객 중에서는 욕실에서 밤을 새우고 아침까지 그대로 머물러 있는 엉큼한 이도 적지 않았던 듯하다. 그런 사람들을 막기 위해서 1268년 파리시는 남녀가 공간적으로 격리된 욕실을 사용하도록 욕탕 규정을 바꾸어 버린다. 그러나 암암리에 남녀 혼욕이 이루어지는 목욕탕은 여전히 규정을 비웃으며 존재했던 것으로 보인다.

창녀가 있는 욕탕도 꽤 많았다. 이런 욕탕들은 유곽의 형태를 갖추고 있었고, 매춘을 일삼는 창녀들을 공공연히 두고 있었다. 빈의 목욕탕도 이미 13세기부터 비밀 사창가라는 세평이 나 있던 터였다.

나체, 음식, 술의 향연 – 남녀의 사교장으로

당시 창녀를 둔 욕탕은 종종 일반 사창가와의 경쟁관계로 마찰을 빚곤 했다.

1477년 프랑스의 몽펠리에 있는 사창가 업주들은 시에 있는 두 군데의 '사창 욕탕'을 고발하기까지 했다. 그들 욕탕의 창녀들이 이웃의 수도원으로 넘어 들어가 수도사들에게 음란한 알몸을 보여 주거나 음부를 드러내 보였기 때문이다. 이러한 창녀를 둔 욕탕 중에는 아예 이름만 목욕탕일 뿐 사창가 역할만 하는 곳도 있었다. 가령 아비뇽의 한 목욕탕은 단 한 개의 욕조 시설도 없이 침대만 잔뜩 갖춰 놓고 목욕탕 간판을 내걸고 있었다.

영국에서 '증기'라는 의미의 '스튜(stew)'라는 말이 '사창'이라는 말과 같은 의미를 띠게 된 것도 여기서 비롯된 것이다. 목욕탕은 점점 행실이 좋지 못한 여자들과 그런 여자들을 찾는 남자들의 휴게소로 변질되어 갔다. 중세 독일의 목욕 풍습 또한 제정 말기의 로마처럼 남녀 혼탕이었다. 물론 입욕 시 천으로 허리를 감게 했으나 물속에서는 이 천이 가리는 역할을 제대로 하지 못했다. 물속에서 무슨 일이 벌어지건 간에, 목욕을 끝내고 나올 때 남자는 섶나무 가지로 앞을 가리고 여자는 앞가리개로 부끄러운 곳을 가려야 했다.

14세기 초 즈음 뮌헨이나 레겐스부르크 등 독일 남부 지방에서는 결혼식의 피로연을 목욕탕에서 베풀기도 했다고 한다. 신분의 지위 고하를 막론하고 마음 놓고 즐기는 '벗은 몸과 음식과 술의 향연'이었던 셈이다. 그때의 목욕탕이 남녀의 사교장이 되었던 것은 당연한 일이었다.

심지어 16세기에 이르러서는 프랑스 왕이었던 앙리 4세마저 사창 욕탕을 드나들었다. 창녀가 있는 목욕탕에는 식탁 대신에 목욕통 위에 판자를 걸쳐 술과 요리를 차려놓았으며, 그 위에서 도박도 즐겼다. 넓은 욕탕에는 마사지용 침대가 놓여 있었는데, 창녀 안마사나 때밀이는 때를 밀고 안마를 해준 뒤 손님을 유혹하여 조그만 방으로 데리고 갔다.

목욕탕이 이렇게 음탕한 장소로 탈바꿈하자 목욕탕 주인들은 점점 더 미모의 안마사와 때밀이 여자를 고용하게 되었다. 그러나 곧 목욕탕은 순식간에 전멸하는 위기를 맞게 된다. 16세기 중엽부터 엄습한 매독과 흑사병으로 인하여 대중목욕탕의 사용이 금지되었기 때문이었다. 대중목욕탕이 사라지게 된 또 다른 이유는, 온수 가격이 오른 탓도 있었고, 대도시 부근의 연료용 나무가 고갈된 탓도 있었다. 향수가 유행하게 된 것도 그 덕택이었다. 몸을 씻기 어렵게 되자 몸의 불결함을 화장과 향수 사용으로 은폐하려 했던 것이다. 신사들은 몸에 향수를 뿌린 다음에야 귀부인을 방문했다. 특히 여자들은 목욕을 하는 대신에 온몸에 향수를 적신 다음, 화장품으로 마무리 단장을 해야 했다.

일생에 단 한 번 목욕을 한 루이 14세

17세기 이후 유럽에서는 다시 외국으로부터 들어온 터키탕, 러시아탕이 생겨나기 시작했다. 하지만 17~18세기에는 고대나 중세만큼 청결을 유지하지는 못했던 듯하다.

루이 14세의 건강을 기록한 1647년과 1711년 사이의 일지를 보면, 64년 동안 1665년에 단 한 번 목욕을 했던 것으로 알려져 있다. 그는 이틀마다 포도주에 적신 수건으로 얼굴을 닦아내는 것으로 세수를 끝마쳤다고 한다. 1664년 영국 작가 사무엘 페피의 부인은 난생처음으로 대중목욕탕에 가서 몸을 씻는 체험을 한 뒤 남편에게도 목욕하기를 권했다. 그래야만 '밤의 봉사'를 수행하겠다는 조건을 내거는 통에 남편은 사흘 동안 버티다 끝내 목욕탕으로 향했다고 한다.

동양의 목욕, 정신적 정화의 의식

서양과 마찬가지로 동양에서도 고대부터 대중목욕탕이 있어왔다. 대체로 동양에서는 불교가 전래되면서 목욕이 종교의식으로 승화되어 일반인들에게 널리 보급되기 시작했다. 서양에서와는 좀 다르게 제의를 위한 자기 정화의 정신적 성격을 더 많이 지녔던 것이다. 우리나라에서도 신라시대 귀족들의 집에서는 대부분 목욕시설을 갖추고 있었고, 사찰에서는 승려와 신도들을 위해 커다란 대중목욕탕을 설치했다. 당시 목욕용 향료 또한 일상생활에 널리 쓰였다고 한다.

『삼국사기』에는 고구려 서천왕 17년(286년)에 왕이 온탕에 가서 유락을 즐겼다는 기록도 있다. 고려인들은 신라인보다 더 목욕을 즐겼다고 하며, 남녀 혼욕의 풍속도 있었다고 한다. 『

고려도경』에는 사람들이 하루에 서너 차례 목욕을 했고, 개성의 큰 강에서 남녀가 한데 어울려 목욕을 했다고 적고 있다. 그러나 당시 여인들은 목욕용 모시 치마를 입고 물에 들어갔다. 하지만 조선시대에 들어오면서 유교적인 도덕률로 인해 목욕문화는 퇴색하고 만다. 현대적 개념의 대중목욕탕은 1924년 평양에서 비로소 선을 보였다.

목욕 좋아하는 일본 사람과 '남녀 혼탕'

일본에서도 이미 고대 때부터 절집에 '온실'이라는 대중목욕탕을 두고 있었다. 이 온실은 일반인들에게도 무료로 개방되었다는데 이용객이 많아지자 경제적 부담을 느낀 절에서는 보시의 개념에서 약간의 돈을 받았다. 이 점에 착안하였던 것인지는 모르나 헤이안 시대에 들어서자 시중에 대중목욕탕이 생겨나 돈을 받고 영업을 하기 시작했다. 그 후 일본의 대도시에는 점점 더 많은 대중목욕탕이 들어섰으며, 16세기 에도시대에 이르러서는 전국 각지의 유명한 도시마다 빠짐없이 대중목욕탕이 생겨나게 되었다.

일본의 목욕 풍속은 우리나라와는 다른 점이 많다. 우선, 일본 사람들은 우리나라 사람들보다 목욕을 자주 한다. 그 까닭이 일본의 기후 때문이라고 보는 이도 있지만 별다른 여가활동이 많지 않은 일본 사람들이 하루의 피로를 욕실에서 풀어 버리고자 하기 때문이라는 견해가 우세하다. 우리나라 사람들이 새벽에 목욕탕 가기를 좋아하는 반면 일본 사람들은 보통 저녁시간에 피로를 풀기 위한 목욕을 즐기기 때문에 목욕탕도 늦게 열고 늦게 닫는다. 또한 일본에서는 약 1백여 년 전만 해도 일본에서는 남녀 혼욕이 일반화되어 있었다고 한다.

조선통신사의 한 사람으로 일본에 다녀온 신유한은 그가 쓴 『해유록』에서 일본의 혼욕에 대해 "남녀가 아무런 거리낌없이 목욕을 하는 것이 정말 기괴하다."라고 기록하고 있다.

일본에서의 남녀 혼욕에 대한 최초의 기록은 이미 713년경 문헌인 『출운풍토기』에 나와 있다. 임진왜란 이후 '에도' 시대에는 남녀 혼욕을 금지하는 훈령을 내려졌지만 목욕탕 업주들은 이런 규제를 지키지 않았다. 그러다가 명치시대에 들어서면서 남녀 혼욕의 풍습은 본격적으로 금지되기 시작하였는데, 그것은 당시 몇몇 도시가 외국인에게 개방되었기 때문이었다. 1868년에는 외국인이 드나드는 도쿄 지역 대중목욕탕의 혼욕을 금했고, 이듬해에는 도쿄 전역에 혼욕을 금하는 명령을 내렸다. 혼욕의 풍습은 이때부터 사라지기 시작했다.

터키탕과 '미스 터키'

그리하여 지금의 일본에서는 남녀가 혼욕하는 대중목욕탕은 사실상 찾아볼 수가 없게 되었다. 간혹 그런 곳이 있다 하지만 그런 곳은 대개 노천온천 같은 곳으로 주로 노인들이 가릴 것은 다 가리고 목욕을 한다. 그런 대신 오늘날에는 성적 쾌락을 만족시키는 '터키탕'이 생겨나 거의 공개적인 섹스의 배설구 역할을 맡고 있다. 일본인들이 목욕탕을 이용해 성적 욕구를 해결해

온 것은 이미 오래전부터의 일이었다.

남자들의 목욕 시중을 들고 목욕이 끝난 후 접대하는 직업여성을 옛날 일본에서는 '유나'라고 불렀다. 유나가 처음 출현한 시기는 무로마치 시대였는데, 그네가 가장 활발한 활동을 했던 때는 에도 시대였다. 당시 성황을 누리던 욕탕에는 대략 30명 내외의 유나 여인들이 있었다고 한다. 당시의 목욕 문화가 현대에 접어들어 '터키탕'과 만남으로써 새롭게 부활한 셈이다. 물론 터키탕은 본디가 그렇듯 매매춘이 이루어지는 곳은 아니었다.

원래 터키식의 목욕이란 일종의 건조욕이다. 욕실에 뜨거운 증기를 불어넣어 땀을 빼고 몸을 씻는 것이다. 이것이 일본에 받아들여지면서 일본 상인들은 여기에 안마 서비스를 더하여 여자 안마사를 두고 그들을 '미스 터키'라고 불렀는데 이것이 점점 변하여 매춘 서비스로까지 변질되어 갔던 것이다. 그 터키탕이 우리나라에서도 성업을 하고 있고 요즘에는 미용을 위한 여러 목욕방법은 물론이고 목욕을 통한 질병 치료법도 개발되고 있다.

목욕이 가진 네 가지 성격 즉, 제례적 의식으로써의 목욕, 청결과 미용을 위한 목욕, 치료를 위한 목욕, 유희로서의 목욕 가운데 제례의식으로써의 목욕을 빼고는 거의 한계를 모를 만큼 발달하고 있는 것이다. 목욕이란 것의 가장 순수한 기능이 인간의 몸을 청결하게 하기 위한 것이지만, 그 청결한 만큼이나 청결하지 않은 이면사가 존재해 왔다.

목욕에 관련한 인간의 역사를 한마디로 말한다면, 이렇게 말할 수 있을 것이다. "청결한 동시에 불결하다"라고.

-https://blog.naver.com/ecarpos/80026559392

■□ 우리나라 목욕의 역사

- 국내에 대중목욕탕은 언제 생겨났을까.

문헌에 기록된 우리나라의 최초의 목욕은 신라 시조 박혁거세와 그의 왕비 알영이 동천과 북천에서 각각 목욕한 것으로부터 시작됐다고 한다. 그 당시의 목욕은 청결 미용 또는 의식절차 수단으로 주로 활용됐으며 경주 안압지에서 출토된 석조 욕조는 비록 왕족들의 전용 욕장이지만 야외 목욕장까지 만들어 사용했고 이 석조 조형물은 당시 신라인들의 지혜와 목욕탕 구조를 파악하는데 큰 자료가 되고 있다. 특히 신라시대는 절에 대형 공중목욕장이 설치되고 가정에도 목욕시설을 한 것으로 보아 목욕재계를 중시하는 종교의식(불교의식)의 목욕 문화에 크게 영향을 끼쳤을 것으로 판단된다.

고려인들은 신라인들에 비해 더 사치스러운 목욕을 즐겼다고 하는데 기록(서긍의 고려도경)에 의하면 하루 서너 차례 목욕을 하였고 개성 시냇가에서는 남녀가 혼욕까지 했다고 한다.

조선시대에는 청결 위주의 대중 목욕이 중시되어 6월 보름날이 되면 계곡과 냇가에서 목욕과 물맞이를 했고 제례 전에는 반드시 목욕재계하는 관습이 성행했다. 여기서 한 가지, 우리 조상들은 예부터 의식을 올리기 전 몸과 마음을 깨끗이 하고 부정(不淨)을 타지 않도록 목욕을 하고 몸을 가다듬었다. 이를 뜻하는 단어가 '목욕재계(沐浴齋戒)'다. 그러나 이런 풍속이 점점 사라지고 이 단어를 쓸 일이 별로 없어서인지 '목욕재계'를 '목욕재개' '목욕제계' 등과 같이 틀리게 쓰는 경우가 적지 않다.

'재개'는 어떤 활동이나 회의 등을 한동안 중단했다가 다시 시작하는 것을 뜻한다. 따라서 '목욕재개'라 하면 목욕을 멈추었다가 다시 한다는 의미가 되므로 전혀 다른 의미가 돼 버린다. 또 '제(祭,제사)'를 올리기 전 목욕을 한다는 것을 떠올려서인지 '목욕제계'라 쓰기도 한다. 하지만 이는 '재계(齋戒)'란 단어를 모르기 때문에 나오는 표기다. '재계'는 종교적 의식 등을 치르기 위해 몸과 마음을 깨끗이 하고 부정한 일을 멀리함을 이르는 말이다. 자주 쓰이는 단어가 아니라 좀 어렵기는 하지만 '재계'의 의미를 기억해 두면 좋을 듯싶다.

-조선시대 궁중 목욕과 비누

조선시대의 궁궐에는 별도의 목욕탕이 없었다. 침실 옆에 붙어 있는 조그마한 방이 왕이 목욕하는 장소다. 평소 이 방은 세수방이지만 목욕 시에는 바닥에 기름종이를 깔고 큰 목간통을 가져다 놓는다. 이 목간통은 몸을 완전히 담글 수 있는 크기로 수백 년 된 큰 통나무를 파서 만든 것이다.

목간통에는 세수간 상궁과 하인이 따뜻한 물과 찬물을 배합해 목욕수를 준비한다. 목욕이 끝나면 시녀상궁이 부드러운 무명 수건과 왕이 갈아입을 내복을 가져다 놓고 나간다. 왕은 혼자서 목욕을 하지 않고 보모 격인 봉보부인이 목욕을 시켜주었다. 이때 팥으로 만든 비누를 사용했다. 날팥을 맷돌에 갈아 껍질을 벗겨내고 다시 곱게 갈아 채로 쳐낸 가루다. 얼굴에 물 칠을 하고 손바닥에 팥가루를 묻혀 씻으면 때가 잘 빠지고 살결이 보드라워졌다고 한다.

왕비도 왕과 마찬가지로 유모와 시녀가 시중을 들었다. 조선시대 귀한 여인들은 완전히 옷을 벗고 목욕하지 않았고 엷은 비단천으로 온몸을 감싸고 목간통에 들어갔다. 왕비도 목욕할 때는 옷을 벗지 않았다고 한다.

양반 고관 등의 대갓집에서는 별도의 목욕시설인 정방을 설치하고 조두(澡豆:녹두나 팥으로 만든 가루비누)를 만들었다. '조두'

는 신라시대부터 사용해 조선시대까지도 세정제로 사용되었던 것으로 알려지고 있다. 대갓집 규수들은 이 녹두나 팥가루를 조두박에 담아 사용했고, "더러움을 날려보낸다"라는 뜻에서 이를 "비루(飛陋)"라고 불렀는데 오늘날의 비누의 어원이 됐다고 전해지고 있다.

한편 당시 서민들은 귀한 팥보다는 콩, 쌀겨, 조, 쌀뜨물, 콩깍지 삶은 물 등을 많이 사용했다고 한다. 그래서인지 예로부터 이런 곡식들을 상대적으로 구하기 쉬웠던 '방앗간 집 딸'들은 피부 미인들이 많았다고 전해지는 이유도 아마 이러한 여건 덕분이었으리라 생각된다.

지금과 같은 근대적 비누가 선을 보인 것은 개항 때 교류 물품으로 우리나라에 들어왔고 개항 직후인 1895~6년 경 인천에서 처음 만들어졌다는 구전만 전해지고 있다.

여자들만의 특별한 이야기가 있는 곳, 여자 목욕탕

목욕탕 입구에서 가끔 부부가 다투는 걸 볼 수 있다. 남자들은 대개 30~40분 정도, 길어봐야 1시간을 넘기지 못하는 그곳에서 여자들은 2시간이 넘는 시간을 보낸다. 기다림에 지친 남자는 개운한 표정으로 나오는 여자를 향해 짜증 섞인 목소리로 투덜댄다.

-아니, 도대체 뭘 하길래 지금 나와?

이 말에 대부분의 여자들은 되묻고 싶어진다.

-아니, 도대체 어떻게 씻었길래 벌써 나와?

초등학교 6학년 무렵, 우리집 가까운 곳에 목욕탕이 있었다. 한 달에 두세 번씩, 새벽 5시가 되면 어머니는 잠든 나와 여동생을 깨워 목욕탕에 데려갔다. 그 시간에 목욕탕에서는 청소를 마치고 새 물을 받는다. 아마도 어머니는 깨끗한 물로 우리를 씻기려 했던 것 같다.

어릴 때부터 나는 목욕탕을 좋아했다. 분홍색 플라스틱 바가지를 욕탕 안에 띄워 놓고 뱃놀이를 하거나, 개헤엄을 치기도 했다. 천장에서 자기 무게에 못 이겨 톡 떨어지는 차가운 물방울에 놀라 비명을 지르기도 하고, 여동생과 냉탕과 온탕을 오가며 시간 가는 줄 모르고 놀았다. 그렇게 더운 열기와 사투를 벌이며 놀고 나면 어머니는 언제나 노란색의 달콤한 바나나 우유를 사 주셨다.

중학생이 되면서부터는 주로 친구와 목욕탕에 다녔다. 친구와 목욕탕에 가는 건 남자들이 이해 못하는 여자들의 '화장실 같이 가주기'와 비슷한 맥락이다. 남자들은 친하지 않은 사이여도 목욕탕에 다녀오면 금세 친해진다고 하는데 여자들은 친한 사이여야만 목욕탕에 같이 갈 수 있다.

목욕을 마친 아주머니들은 평상에 앉아 어제 술 먹고 늦게 들어온 남편 이야기, 말썽 부리는 아이들 이야기로 시간 가는 줄 모른다. 나도 그곳에서 비밀스러운 이야기를 많이 나누었다. 목욕탕의 더운 공기와 사람들의 떠드는 소리에 '내가 누구를 좋아하고, 마음에 안 드는 친구 흉보기'가 들키지 않을 것만 같았다. 그러던 어느 날, 내 뒤에서 목욕하고 있는 같은 학교 애를 발견했다. 다음날부터 친구와 나는 소문이 날까 노심초사했다. 낮말은 새가 듣고 밤말은 쥐가 듣는 것처럼 목욕탕에서의 내 말은 뒷사람이 듣는다는 걸 그곳에서 알게 되었다.

나이가 들어 찾게 되는 목욕탕은 젊은 시절과는 또 다른 의미를 갖는다. 지금까지 살아온 세월에 대한 회한, 이제는 더 이상 품안의 자식이 아닌 아이들 그리고 다가올 노년과 죽음에 대한 두려움, 식어버린 사랑의 감정과 중년을 넘어선 나이에 감당해야 할 내면의 갈등을 거침없이 털어놓고 또한 들을 수 있는 곳. 더 이상 벗은 몸이 당당하지는 않지만 목욕탕에서 만나는 그녀들의 이야기는 그래서 더욱 진솔하게 다가온다.

여자 목욕탕, 그곳에서 직접 경험하고 들었던 여인들의 이야기를 책 속에 담았다. 인생의 질곡을 넘어, 이제 갱년기로 접어든 중년의 여성들, 여자이기 때문에 겪어야 하는 조금은 서럽고 아픈 이야기들. 대화 속에 묻어나는 평범한 아줌마들의 솔직함과 털털함에는 나름의 진득한 삶의 지혜가 들어있다 .

코로나19로 인한 사회적 거리두기로 꽤 오랫동안 목욕탕에 가지 못했다. 매주 일요일, 그녀들의 이야기를 듣고 집으로 돌아와 글을 쓰던 내 작업도 어느 순간 멈추었다.

여자들만의 특별한 이야기가 있는 곳.

지금 제일 간절하게 가고 싶은 곳은 습기 가득한 목욕탕이다. 자신과 비슷한 인생의 굴곡을 넘어왔고 넘어가게 될 '동지'를 발견하게 해 주는 여자 목욕탕 말이다.

2020년 가을

安山에서 강미애

강미애 산문집
여자 목욕탕

1쇄 발행 | 2020년 11월 10일
2쇄 발행 | 2021년 6월 2일

지은이 | 강미애
표지 | visual artist 백선욱

펴낸이 | 강병욱
발행처 | 도서출판 교음사
출판등록 | 제2007-000052호
주소 | 01437 서울 종로구 삼일대로 457 수운회관 1308호
전자우편 | gyoeum@daum.net
문의전화 | (02)737-7081, 739-7879(Fax)

ISBN 978-89-7814-801-6 03810

이 도서의 국립중앙도서관 출판예정도서목록(CIP)은 서지정보유통지원시스템 홈페이지(http://seoji.nl.go.kr)와 국가자료종합목록 구축시스템(http://kolis-net.nl.go.kr)에서 이용하실 수 있습니다.(CIP제어번호 : CIP2020046293)